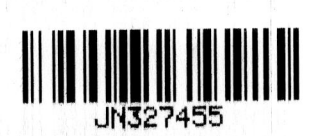

ちいさいなかま保育を広げるシリーズ

園で人気のごっこあそび

まいにちたのしい ごっこあそび

『ちいさいなかま』編集部 編

近藤理恵 絵

ちいさいなかま社

もくじ

岩附啓子

お店屋さんごっこ
東京・クラブ保育園

やってみよう ごっこあそび

もくじ

私は保育園を退職後、保育園や幼稚園に行って、読み聞かせをしています。
絵本は、それ自体、子どもが楽しめるように作られているのですが、
でもいつもの私のくせで、
「もっとおもしろく絵本と関わる方法はないかな」と思ってしまうのです。
そこで、「あ〜、楽しかった」と感じたのは
どんなときだったのかを思い出してみると……。

そうそう、『おばけかぞくのいちにち』を読んだとき。
「これが『おしゃべりいわし』だよ」。「えっ！うっそ〜」
お話の世界に登場したものが現実に出現したときの
子どもたちのあの驚きの表情！
「クックックッ、もうおもしろくって、や〜められない」
絵本を読んだあと、おならや風船、おばけが出現して、泣きそうになったり
おなかを抱えて笑い転げたこともあったっけ……。
『おならローリー』『ぴんぽーん』『ねこガム』のように、
内容があそびへと展開しやすい絵本を読んだあとは、
みんなで思いっきりはじけてあそびます。
『つのはなんにもならないか』などのような冒険のお話は、

絵本でごっこあそび

岩附啓子

その場ですぐにおにごっこに—。
『てんのおにまつり』のようなことばあそびの絵本では、
ピアノと太鼓がコラボして、いつもとちょっと違った味つけに—。
楽器とことばのリズムがひとつに溶けあって、
身体のうちから動きがわき出てきます。
ほかにも科学の絵本や昔話、しかけ絵本などいろんなジャンルがありますが、
それぞれの内容に合わせた楽しみ方があるでしょう。

絵本の特徴は、みんなでその世界を体験することができることです。
子どもたちのなかに共通のイメージが生み出されるため、
あそびへとスムーズに移行されやすいと言えるかもしれません。
ひとりのつぶやきや気づきが、さざ波のようにクラス全体に伝わって
絵本の世界を共有します。なんといっても
生活をともにしているなかまといっしょに見るから、
おもしろさも増幅されていくのでしょう。

ただし、無理にあそびにもっていく必要はありません。
保育者は、子どもと向き合ったときに醸《かも》し出される
その場の雰囲気や、気持ちを敏感に感じとり、
子どもの心の揺れ動きに合わせて、いっしょにあそびを
楽しもうとする姿勢が大切です。その意味では、
絵本の読み聞かせも保育も、基本は同じと言えるでしょう。
職場でお互い、おもしろかった絵本を交流してみてはいかがですか。
新たなあそびが生まれるきっかけになるかもしれません。

それでは、
子どもたちといっしょに楽しんだ読み聞かせから
発展していったあそびのようすと、
ちょっとしたくふうなどを、
具体的に紹介していきたいと思います。

1~2

歳児

◉

あれ？だれのおうちかな？

ぴんぽーん
山岡ひかる・作
アリス館
2011年初版

1 みんなで読んでみよう

表紙を見せただけで
「あっ、ぴんぽーんや」
「ぼくのうちにもある」と
反応が返ってきます。子どもにとって
「ぴんぽーん」は、家庭でもなじみがあり
「あっ、だれか来た！」と興味しんしんなのでしょうね。
絵本を前に、まるで今から自分たちがおうちを訪問するかのような気分に
なってスタンバイしています。

　　ここは　だれの　おうちかな？
　　ぴんぽーん

この待つ場面のドキドキ感、たまらないですね。
ページをめくると、男の子に続いて、りす、うま、かえると順に
顔をのぞかせてくれます。このときやっと、少し緊張ぎみだった子どもたちの
表情もゆるみ笑顔に。ひとりずつ前に出てきて、絵本のチャイムを押しながら
「ぴんぽーん」「こんにちは」「あなたはだあれ」と
ごっこあそびふうに読んでいってもおもしろい！
絵本の最後は

　　ここは　だれの　おうちかな？
　　ぴんぽーん
　　あれれ？　おるすですか？　ぴんぽーん　ぴんぽーん
　　おまたせー！
　　かたつむりさんの　おうちでした

2 どうやって あそぼうか…

次のようなしかけを作って
絵本の裏表紙にクリップで
はさんでおきます。

3 はじまり はじまり～

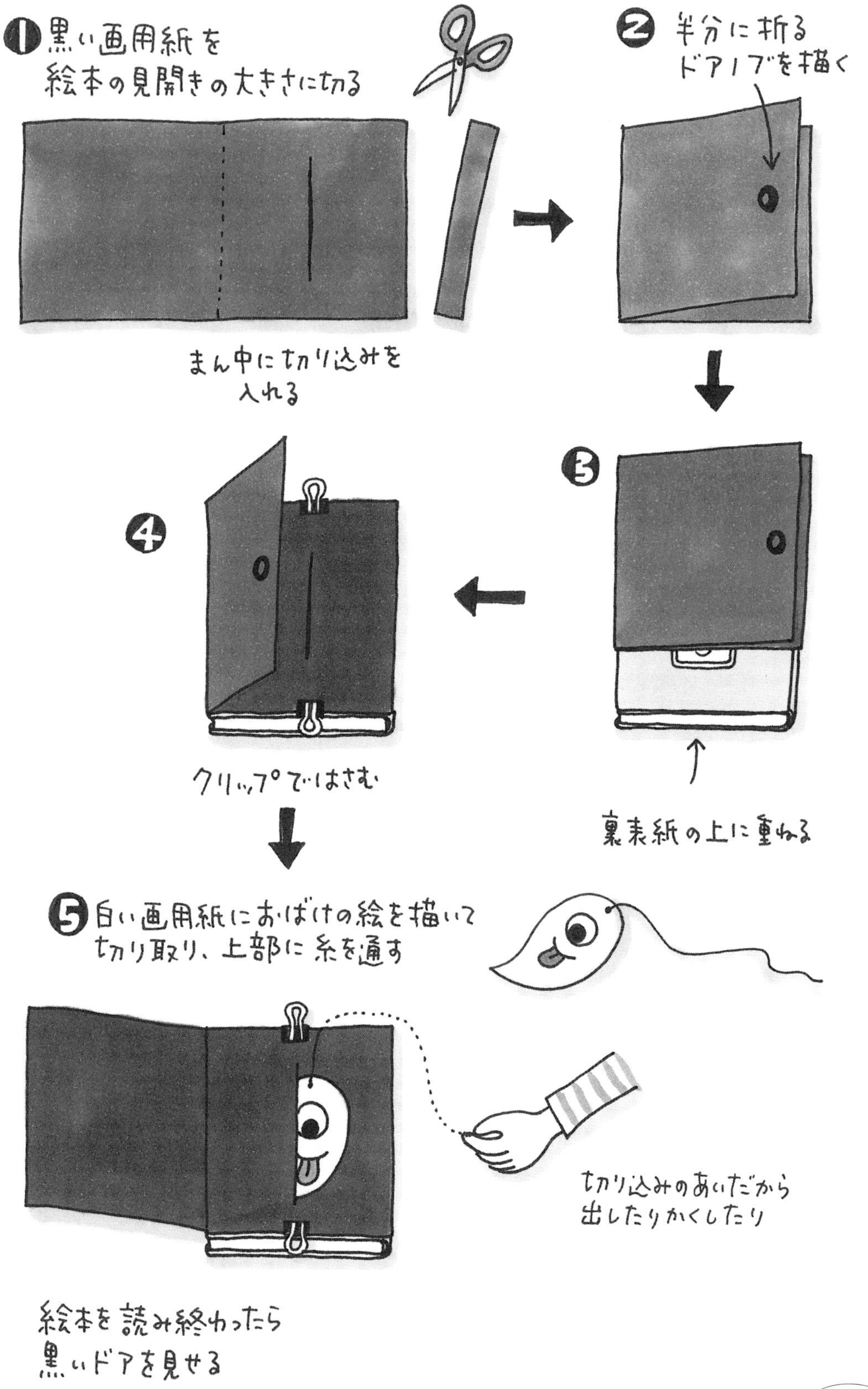

❶黒い画用紙を
絵本の見開きの大きさに切る
まん中に切り込みを
入れる
❷半分に折る
ドアノブを描く
❸
裏表紙の上に重ねる
❹
クリップではさむ
❺白い画用紙におばけの絵を描いて
切り取り、上部に糸を通す
切り込みのあいだから
出したりかくしたり
絵本を読み終わったら
黒いドアを見せる

私「あれ？次のページになんだか黒いおうちがあるよ」「あれれ、黒いドアがあるね」
子「ぴんぽーんって押すところがないよ」
私「ちょっとこわいけど、あけてみようか？」
子「うん！」
子「いやや～」
　不安になって、担任の先生のそばににじりよっていく子もいます。
私「ギギギギィ～、でも、やっぱりこわいなあ。だれか見てきてほしいなあ」
（黒いドアを少しのぞいては、パタンと閉じるのをくり返す）
子「いやや、いやや」
私「このなかで、強い子いないかなあ」
子「Ｙくん」（全員が指さす。Ｙくん、勇気を出して前に出てくる）
私「じゃあＹくん、ちょっとドア、のぞいてみて」
（固《かた》唾《ず》を飲んでみんなが見守るなか、Ｙくん、黒いドアの中をのぞく）
Ｙくん「おばけおった！」
全員「ええっ～！やっぱりおばけのうちやったんや」

黒いドアを開けたり閉じたり
おばけを出したりかくしたり
こわいよう～

あれ？だれのおうちかな？

おばけは暗いところが大好き。絵本を楽しんだあとは、みんなでおばけ探しです。先ほどの糸のついたおばけを押入れの中にかくしておいて…。「おばけ、どこ行ったのかな？」「ここにおる！」とあそびました。

　子どもの心の揺れ動きをおもしろがりながら、絵本を閉じたり開いたりして「のぞく、逃げる」をくり返してあそびます。

私「ひゅ～、どろどろどろ～」（おばけに糸をつけて揺らす）

子「おばけ！おばけ！」

子「あっ、おばけが消えた」

　驚きのあまり、シーンと静まりかえり、口はあんぐり、目はぱちくり。

　切れこみの中へおばけを押しこむと、見ている子どもたちからは、おばけがパッと消えたように見えるしかけなのです。

私「おばけ、どこへ行ったのかなあ…」

おばけ どこ行ったのかな？
ここにおる！
押し入れの中に おばけをかくして います

1~3 歳児

ガムクチャクチャプープー!

ねこガム
きむらよしお・作
福音館書店
2009年初版

1 みんなで読んでみよう

乳児の園内研修で「これおもしろいよ」と
差し出されたのがこの本。
いったい、ねこガムってなに？
裏表紙を見ると「ねこがでるネコガム」と
書かれたガムの絵。表紙をめくると
いきなりクチャクチャガムをかむ男の子のアップの横顔です。
見ている子どもたちもいっしょになってクチャクチャ、プー、口を動かし
ほっぺをふくらませています。あれれ、風船ガムが「ねこの顔になった！」と
驚きの声。ところが、今度はそのねこに「スー」と男の子が吸いこまれ
「あっ、ねこが食べた」。これってわけわかんない。
そう、理屈じゃありません。これぞナンセンス絵本のおもしろさ。
それからどうなったって？
男の子とねこがすごい形相できそいあい、「あぁ～ガムが割れる～」
ついに「パアーン」とガム爆発。
男の子の顔に「ベチョ」。これでおしまい。

2 どうやってあそぼうか…

この本をすすめてくれた先生が、
こんな発言をしました。
「実際に、子どもたちの目の前で、
ガムをかんでふくらませてみたら
どうかなって思ってるんです」
「それ、やってみましょうよ！」
即座に相談はまとまりました。

　絵本を読み終えて、まずはポケットから本物のガムを取り出し、クチャクチャかんで、絵本の男の子のようにやってみました。

　本物のガムに、子どもたちは興味しんしん。「ガムや！」「レモンのガムや！」と大興奮。なんといっても食べ物には目がない子どもたちのことです。私のクチャクチャに口もとがゆるみ、自然と口が動き出しています。

　ここはひとつ、絵本のようにかっこよくふくらませようと、クチャクチャプープーとがんばってみたものの、うまくいきません。プー、グチョ、失敗の連続。ところが、子どもたちときたら「あはは…」と大よろこび。あせればあせるほど、プー、ブチョ。プー、ブチッ。「ケタケタケタ…」床をドンドンたたいて笑い転げています。「うん？どうしてそんなにおかしいの？」

　どうやら先生の失敗を楽しんでいるようすです。自分たちといっしょだと親近感をもつのかもしれませんね。そうなんです、先生はいつも完璧でなくていいんです。失敗すれば、子どもたちはなぐさめてくれたり、親切に教えてくれたりもします。思わぬ方向へ保育が発展していくことだってあるんです。

まあ、こんなこともあろうかと、ゴム風船を用意してきたのは正解でした。これなら大丈夫！赤い風船をプー、プー。ふくらんできました、きました。子どもたちもほっぺをふくらませてプープー応援してくれています。これなら絵本といっしょです。大きくふくらむと「わあ！ふくらんだ」の大歓声。「やれやれ、あ〜よかった」

風船がいくつかあるので、担任の先生たちもプープープー。なかでも力持ちのＳ先生はスゴイ！フッとひと息で風船をパンパンにふくらませることができます。それでもまだまだ吹き続けます。

「ああ〜割れる！」見ている子どもたちは耳をふさいでドッキドキ。ついに「パア〜ン」、大爆発！

「キャ〜」の悲鳴が飛び交い、大騒ぎに。そのあとは、ふくらませた風船をジェット噴射させてあそびました。ああ〜おもしろかった！

こんなふうに、絵本を読み終えたあと、みんなで追体験して、おおいにあそびを楽しむことだってできますね。

この絵本の絵は、画面いっぱいに描かれ、輪郭は黒の太枠でふちどられています。文は、クチャクチャ、プープー、パアンなど、初めから終わりまで擬音語のみで語られているので、ゼロ～１歳児でもけっこう楽しめます。しかし、風船ガムをかんだり見たりした経験のある２～３歳児のほうが、よりおもしろさを実感できるでしょう。

「子どもたちの目の前でガムをかんで見せたらどんな顔するだろう。ためしてみたいな」。こんな保育者の発想って、大切ですね。

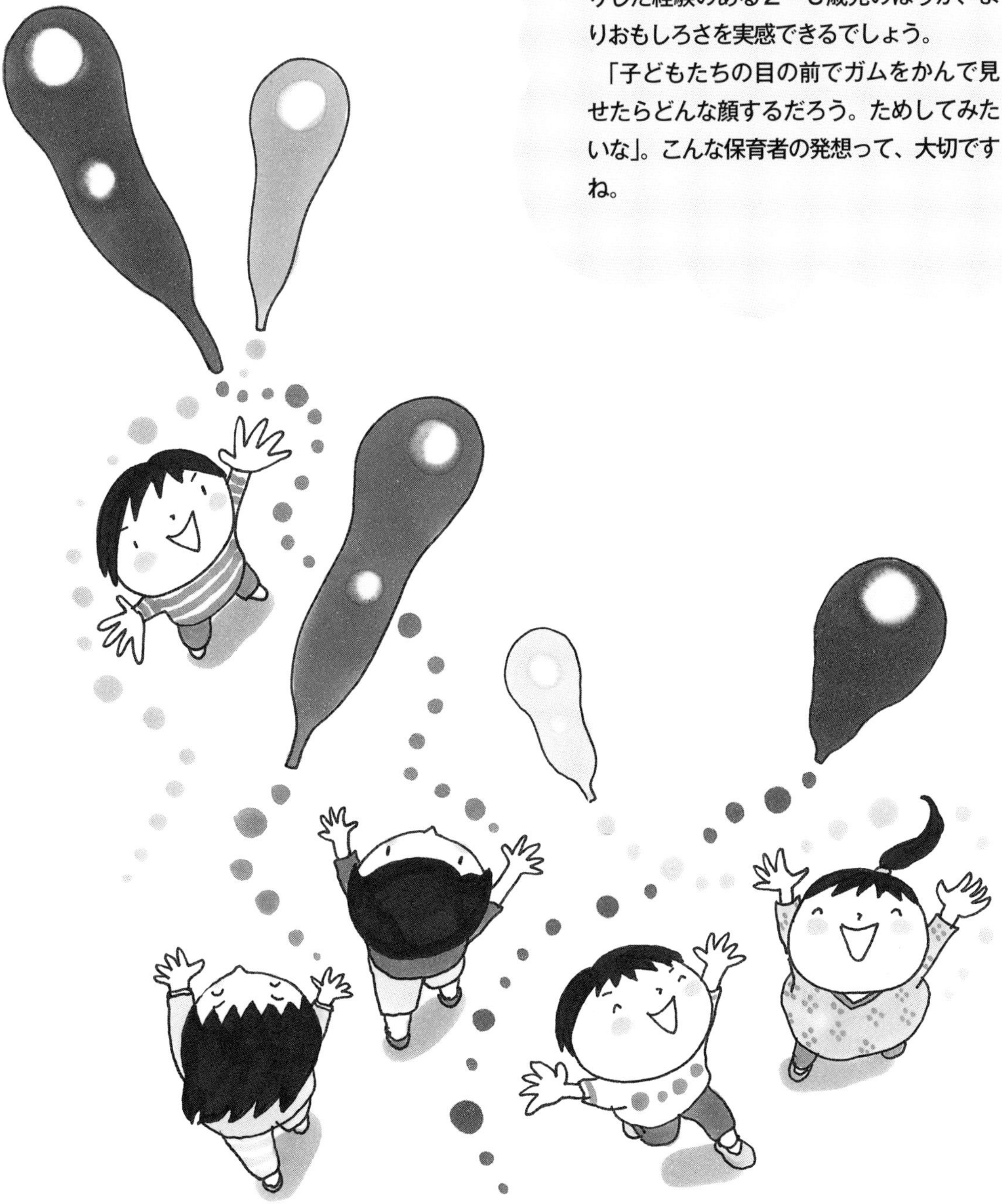

2~3歳児

◉むしゃむしゃの森へぼうけんに行こう！

つのはなんにも
ならないか
きたやまようこ・作
偕成社
1977年初版

1 みんなで読んでみよう

おにのこ「あかたろうくん」
あおおに「あおおくん」
みどりおに「みどりちゃん」
きいおに「きよちゃん」。
４人のおにのこの冒険物語です。

鬼といってもかわいいちびおに。なわとびをしても、ボールあそびをしても
つのがあるためうまくいかず、長続きしません。

　　いやだね　つのなんか　あって
　　どうして　つのなんか　あるんだろう

真剣に聞いている子どもたちから、ささやきが聞こえてきます。
「鬼だからじゃないの？」（ごもっとも）。そこで、むしゃむしゃの森へ
冒険に出かけます。ところが、おそろしいらいおん、ぞう、へびに
つぎつぎとのみこまれていくおにのこたち。
気持ちを重ねて見ている子どもたちも息をのむ一瞬です。
だけど、動物たちのおなかの中で、つのが大活躍。
おにのこたちの最後のことばは

　　ぼくたち　みんな　おにのこ　だもの
　　つのを　だいじに　しなくっちゃ

2 どうやって あそぼうか…

さて、絵本を閉じ、あそびが始まるのはこれからです。
「さあ、今からむしゃむしゃの森へ、冒険に行こう！」
読み終えてお話の余韻が残っている
そのときがチャンス！
子どもたちは、あかたろうになった気分で
すぐに誘いに乗ってきます。

私「じゃあみんな、準備はいいかな？」
全員「エイエイオッー！」
かけ声も勇ましく、やる気まんまんです。

♪むしゃむしゃのもりは　なぞのもり
なにが　いるのか　わからない
まっくら　いろの　ジャングルだ

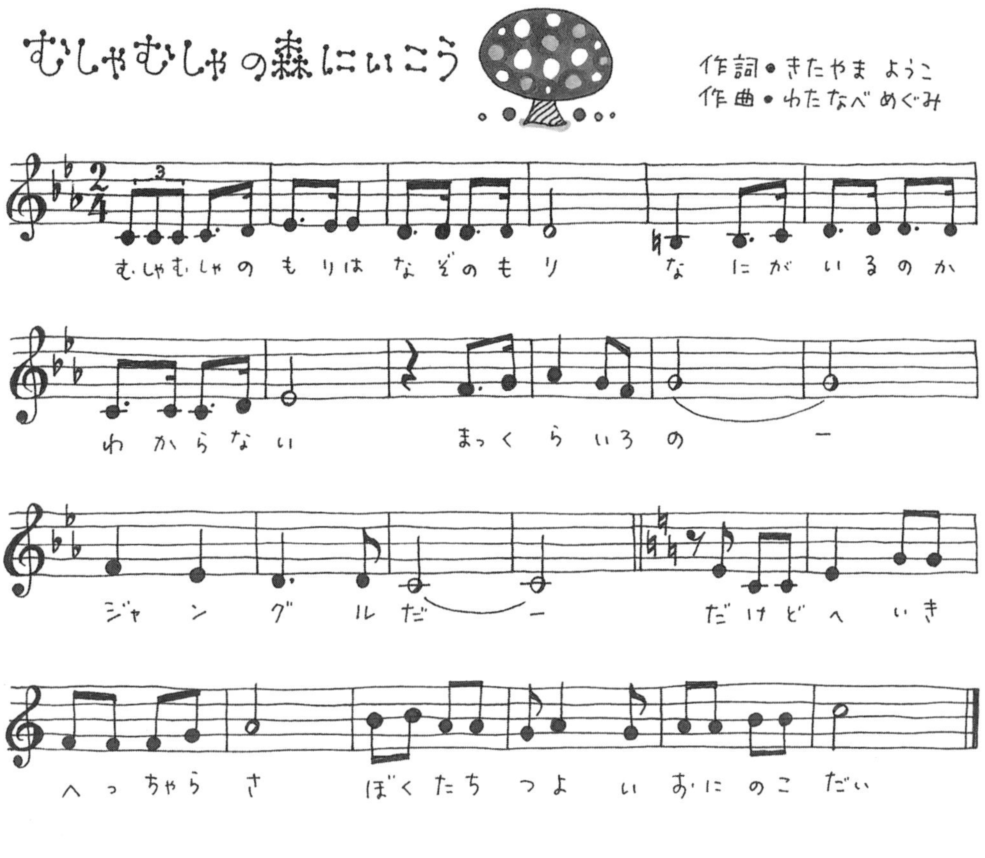

ちょっとこわそうな感じで、2番まで歌います。もうこの時点で不安な気持ちがむくむく頭をもたげ、担任の先生のそばにくっついている子もいます。「しめしめ、冒険ムードになってきたぞ」。演じ手も力が入るというものです。

そこで突然、私がライオンに変身！
私（赤い服を着た子に向かって）「ガオッ！腹が減ってペコペコだ。お肉が食べたい。うまそうな肉があるぞ」
子「ライオンなんか、こわくないもーん」
子「うえ〜ん、こわいよ〜」

　強がる子、泣き出す子、不安がる子、その場はワイワイの大騒ぎに。
担任「Ｔ子ちゃん、早く！『つのがおなかでゴリゴリゴリ』だよ！」
全員「ゴリゴリゴリ！」（必死でライオンの私に、目をむいて挑《いど》んできます）
私「ウエッ、こんなまずい肉、食ったことがない！」（そそくさとその場を退散）
子「ああ～よかった！」
　ライオン退場で胸をなでおろしたのもつかの間、今度は……。
私「パオー！」（手でお鼻をぶらりぶらりとさせながら、ぞう登場）
私「パオー！　バナナが食べたい！
　黄色の服を着ている子、いないかな？」

　いっせいに、自分の着ている服をジロジロジロ。いました、いました！Ａ子ちゃんの上靴の線。Ｒくんの上着についている、かわいい黄色の星マーク！Ｒくん、必死になって胸のマークを手でかくしています。なんとかわいくいじらしいこと。
私「うまそうなバナナだな」（そばによっていこうとする）
全員「つのがおなかで、ギリギリギリ」

ひとりひとりの反応もさまざまで、個性にあふれて実におもしろい。この絵本はスムーズに冒険ごっこに発展しやすい絵本だと思います。

読み終えて、すぐその気になって盛りあがるのは、２歳児の子どもたち。３歳児では、園庭や散歩先の木のしげみなど、うっすら暗く、奥のほうに何かいそうな場所を探してあそぶのが一番です。イメージがかきたてられ、「キャ～、何かいるみたい」「目が光った！」ドキドキ、ハラハラの冒険ごっこが展開されるでしょう。

やはり、その年齢の発達段階に応じたあそびのくふうが大切ですね。

子どもたちに「エイッ！ヤッ！キック！パンチ！」みんなによってたかってボコボコにされてしまいました。

私「まいった、まいった～」

へびも同じく、緑と青の服を着ている子をちびがえるに見立て、食べに行き、やっつけられて退散。

全員「つのがあってよかったね！」

2~5
歳児

橋をわたるとどうなる?

へんてこ　へんてこ
長　新太・さく
佼成出版社
1988年初版

1 みんなで読んでみよう

このお話はほんとうに
「へんてこ　へんてこ」。
「ええっ　どうなっちゃうの？」
「ありえな~い！」
まったく想像がつかないところが、ナンセンス絵本のおもしろさです。

もりをとおって　ずうっといった　やまのなかに　かわがあって
そこに　はしがある。にんげんは　こわがって、このはしを
わたらないの。なぜだか　わかる？

ドキドキしながら次のページをめくると—。

からだが　ニューッと、のびてしまうんだ。
ネコは　ネーコーと　いう　かんじに　なっちゃうんだよ。

子「あっ！のびた」
橋をわたってしまうと、体はスーッと元にもどってしまいます。
つぎつぎ動物たちがやってきて、イーヌー、ターヌーキーというように
体がほそながーく伸び元にもどる、このくり返しです。
見ている子どもたちも最初はあっけにとられているようすでしたが
途中から読み手といっしょに参加しだします。
よせばいいのに、だれもがわたりたくなるふしぎな橋。
いちばん盛りあがるのは、なんてったって、夜のおばけの場面でしょう。
「オ～バ~ケ～」とこわそうに読むと、体をかたくして見ています。
そして朝を迎え、また動物たちがやってくるのですが
長いヘビが橋をわたると……？

このへんてこな　はしは、だれが　つくったのだろう。
それは　だれにも　わかりません。

2 どうやって あそぼうか…

絵本を閉じておしまいなのですが、
「こんな橋があったらわたってみたい！」
と思った私は、ふっと、
へんてこなあそびを
思いつきましたよ。

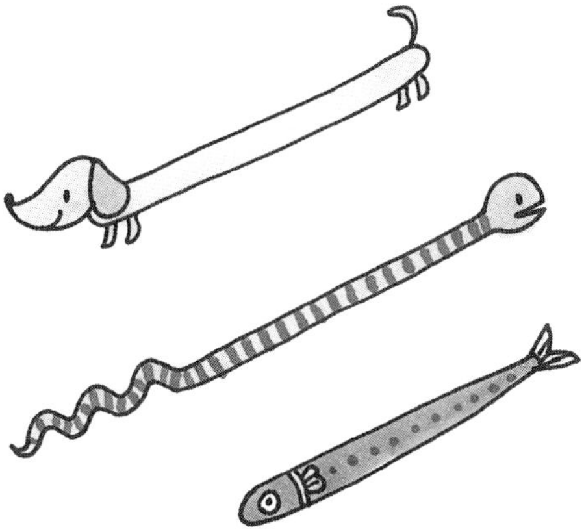

私「このへんてこな橋、わたってみたい子？」
子「はーい！」

いきおいよく手があがります。子どもたちはみんなやりたがりですね。まず、みどりちゃんがふしぎな橋をわたることになりました。

絵本の橋の場面を
開きます
積み木やはめこみマット（なんでもOK）を
細長く並べて橋を用意します

私「みどりちゃんが橋をわたると…」
全員「みーどーりーになっちゃいました」
私「橋わたりたい子？」
子「はーい、はい！はい！」
(ノリノリの子どもたち)
私「お名前は？」
子「しげる」
私「しげるくんが、ふしぎな橋をわたると…」
全員「しーげーるー」

息が続くかぎり叫んでいます。

中には、わたるとき床に寝っころがって、体をなんとか「ながーく」見せようと奮闘する子もいます。

これだけのことなのですが、みんなで名前を伸ばして唱えるだけで、なんだか橋をわたっているつもりになってしまうのです。絵本を使って、気分はごっこなのでしょう。

結局、全員へんてこな橋をわたって満足！

……………橋をわたるとどうなる？

「長　新太」の絵本の魅力は、一般常識の枠を超えた視点のおもしろさにあります。このへんてこな世界は、頭のかたいおとなより子どものほうが、すんなり受けいれて楽しむことができるのかもしれませんね。

　そうそう、こんなこと考えてみましたが、どうでしょう？

「橋をわたって帰りたくなりました。そうしたら、イヌがヌーイーになっちゃいました。次はカバです。バーカー、なんちゃって」

　おとなだって楽しめそうですね。

2~5
歳児
◉

いやや～こわい～でも見たい！

おばけおばけの
かぞえうた
ひろかわさえこ・作
アリス館
1994年初版
品切れ

1 みんなで読んでみよう

夏の暑い日
「ちょっと涼しくなりたいよ～」
と思うときなど、このおばけの絵本は
ぴったりです。「おばけの本読んで」は
子どもたちの口ぐせ。
では、みなさんの要求におこたえして読んでみましょう。
すると「いやや、こわい」と両手で顔をおおいながらも
指のすき間からのぞき見て、「いや、いや」と言っています。
それならよせばいいのにね！
こわ～いけれど、おばけ大好きなのが子どもです。
そんな姿を見ていると、おとなもついつい
「お～ば～け～」とやりたくなってしまいます。
どんなおばけが出てくるかといいますと

ひとつ　ひょっこり　ひとつめこぞう
ひとつめ　だいすき　めだまやき
ふたつ　ふらふら　ふたくちおんな
ふたくち　だいすき　ひとくちまんじゅう

1から10までのかぞえうたになっていて、おばけの好物が
つぎつぎ出てきます。
子「ちょっとも、こわない」
子「あははは…」
おばけはおばけでも、ちょっとゆかいななかまたち。
こわがりの子どもでもOKです。

2 どうやってあそぼうか…

この絵本、ペープサートにしたら
きっと子どもたちよろこぶだろうな…。
さっそく作ってみました。
さらに、絵本の初めの部分で
こわさを演出するために
黒い布に、おばけと火の玉の絵を
貼りつけたものを用意します。

この絵本は品切れのため図書館などをご利用ください

3 はじまり はじまり～

（黒い布の裏を揺らしながら）
まっくら　くらい　よる　よなか
でる　でる　でるぞ　ぶるるるる
こわい　こわいは　あとまわし
みんなで　みれば　こわくない
でてこい　でてこい　おばけの
け！
（「け」で表にひっくり返す）

「ヒュ～ドロドロドロ～」布をひらひら揺らすと、予想どおりじわじわあとずさりする子、担任の先生のそばにピッタリよりそい離れない子など、さまざまな表情が見られます。（しめしめ、こわがっているぞ…）苦労して作ったかいがあったというものです。

登場するのは食いしんぼうおばけたちなので、見ている子どもたちのあいだからクスクス笑い声さえ聞こえてきます。いちばんこわがったのはラストの場面。

とうで　とうとう　せいぞろい

おばけ　だいすき　ひとのこだ～

たべちゃうぞ～

赤いベロを出した、大きな口だけのペープサートをニュッと出すと、子どもたち「イヤヤ、イヤヤ、来んといて！」

さあて、絵本はこれで終わりなのですが、そうは問屋がおろさない。まだまだおばけが出番を待っています。（えっ、うそ！）

以前購入した四日市祭りに登場する大入道の民芸玩具。首がグィーンと伸び、おまけに舌の出し入れができ、目の玉が動くなど、とてもよくできたしかけ人形なのです。これを登場させたのですから、子どもたちが騒然となったことはみなさん容易におわかりでしょう？子どもたち、「コワイ」を連発。

しかけを楽しんだあと、（もっと何か出すものはないかしら？みんなの期待にこたえなくっちゃ！）

そこで、私が黒い布切れをかぶってニュー。次は「ねずみばあさん」のお面。（これでどうだ？）もう、至れり尽くせりのおばけ大サービス。（次、何が出てくるのかな？）息つぐ暇もないくらいドキドキの連続です。これで夏の暑さもすっかり吹っ飛んでしまったことでしょう。

……………いやや〜こわい〜でも見たい！

子どもをこわがらせるのはちょっと抵抗が…、そんな声も聞こえてきそうですが、子どもたちはこわがることをおもしろがっています。こわさと興味のバランスをうまくとって、ドキドキハラハラの世界を、思う存分楽しんでみてはいかがでしょう。

ねずみばあさんの顔が!!
黒い布をかぶってにゅ〜〜!!
ひゃ〜

実によくできた民芸玩具です。
坊主頭に縦縞もようの着物を着たろくろっ首。
三重県ではけっこう有名な大入道なのです。

2~5歳児

◉

おなら、くださいな！

おならローリー
こぐれけいすけ
学研教育出版
2011年初版

1 みんなで読んでみよう

きょうもげんきに　いいおなら！
と書かれた表紙絵を見ていると、
なんだか元気モリモリ
力がわいてくるようです。裏表紙には
さよおなら
笑っちゃいますね。
うんち、おしっこ、おならのたぐいが大好きな子どもたち
よろこぶことまちがいなしです。
ぼくの　なまえは　おならローリー
ぼくの　しごとは　おならあつめ
ねずみ、ねこ、うし、最後は「おーきな　おーきな」ぞうさんのおなら。
画面いっぱいに「ぼふん」の迫力に、「ワアッ！」と歓声があがります。
やっぱり予想的中でした。

2 どうやってあそぼうか…

部屋じゅうが笑いの渦で大騒ぎ。読み終えて、
このまま終わってしまうのはもったいない。
今度は私が、ローリーにかわって、
子どもたちひとりひとりの
おなら集めに出かけることに—。

私「Yくん、おならくださいな」
Y（おしりをかわいくちょいと突き出して）「ブリッ」
私「どうも、ありがとうございました」
　座っている子どもの順番に、もらいに行きます。
女の子（はにかみながら）「おなら、ありません」
私「そうですか、それは残念ですね」（次の子に）「おなら、くださいな」
子「ブウッ！」
子「ぷう〜」
子「トイレにおいてきた」
子「玄関においてきた」
子「先生のおならは、どんなおなら？」
担任H（おしりを大きく突き出して）「ボワン！」
子「わあ、でっかいなあ」
担任M「私、嫁入り前なのに、はずかしい。それではいきまあす。ぷっぷっぷっぷぷぷ…」
子「どひゃ〜」
子「もっと、おならしたい」
私「それではみなさん、ごいっしょに」
全員「せーの！　ブオッー！」（全員おしりを突き出す）「クサイクサイ」（鼻をつまむ）「部屋の窓をあけましょう」（窓を全開にする）

4~5歳児

◉うそつきばなな、食べちゃった!

おばけかぞくの
いちにち
西平あかね・さく
福音館書店　2006年初版

1 みんなで読んでみよう

おばけといっても
かわいいおばけ家族のお話です。
人間の世界とちっとも変わらない生活に
子どもたちは親しみを
感じているのでしょう。
ただ、ちがうことが2つあります。
1つは、おばけと人間界とでは、昼夜がまったく逆なこと。
おばけの子どもたちは、夜になると保育園へ行くのです。
2つ目は食べ物です。なぜかというと……。
子どもたちを「ギャッ～!」と驚かせた「おばけマート」の場面。
店頭には「おしゃべりいわし、かえるのへそ、ヘビのヘソマキ
ほね、どくきのこ、どくりんご」など、びっくり仰天の品ぞろえ。
さらになんと「本日のおすすめ　うそつきばなな」の立て札も…。

2 どうやってあそぼうか…

読み聞かせの打ち合わせのとき、担任の先生曰《いわ》く
「『これ、うそつきばななだよ』と言って、実際に
子どもの目の前でバナナを食べてみたらどうかな」
すかさず「うん!　それおもしろい!」と私。
さっそく、バナナと、おばけマートの品々を家の庭で
調達することにしました。ドキドキワクワク
子どもたちがどんな顔するのか、楽しみ、楽しみ…。

3 はじまりはじまり～

絵本を読んだあと、本物と信じてもらうためにこんなお話をします。

「私の家のそばに森があるの。夜になると、おばけたちがぞろぞろ、夜店に買い物にやってくるらしいの。ゆうべの 12 時ごろ、外に出てみたら、森からあかりが漏れているので、こわいけど見に行くことにしたの。1 軒のぼろぼろの家があったので、ギギギギィーとドアをあけてみると、どうやらお留守らしい。テーブルの上に食べ残したおかずがおいてあったので、こっそり持ってきちゃった。それがこれだよ」

子どもたち、座って「ふんふん」と真剣に聞いている。

「見せてみせて、見せて」のコールの嵐。

●ぷんぷん種

子「なにかの種みたい」
子「どくりんごの種じゃないかな」
私「ちょっと食べてみよか」
子「だめだめ、食べたら死んでしまう」
（1個取り出し、かちりとかむ）
子「どう？どんな味？」（心配そうに私の顔をのぞきこむように聞いてくる）
私「なんだかとっても腹が立ってきた。プンプンのプン！」
子「ぷんぷん種や！」

●おしゃべりいわし

子「見せて！見せて！」
私「あれ、今までしゃべっとったのに寝てしもたみたい。グーグーグーッて聞こえてくるよ」
（2匹のにぼしを入れた箱を耳に押し当てる）
子「あけて見せて！」
私「おばけの国は今は夜。きっと眠いと思う。暗いところが好きやで、静かにひとりずつ見においで」
（遊技場の舞台のカーテンを閉め、その中で見せる。暗くてよくわからないのがミソ）
子「めっちゃかわいい」
子「いびきかいて寝とった」
子「いわしのにおいがする」
子「あれ、にぼしやった」
子「ぴかぴか光っとった」

…………うそつきばなな、食べちゃった！

「おばけの食べ物ってホントかな？」と半信半疑の子どもたちも、実物を目の前に出されると、簡単に信じてしまうようです。
「ほんとかな？」「いや、あやしいぞ」。こんな子どもたちの揺れ動く気持ちを見つめるって、ほんとにおもしろい。

●うそつきばなな

今度はおもむろにバナナを見せます。
子「あっ、うそつきばななや！」
担任「食べてみよかな」
子「あかん！うそつきになってしまう」
全員「ダメーッ！ダメーッ！」
（担任、どうしようかなと迷いながらもペロリとなめる。心配そうな子どもたちを尻目に）
担任「あれ、なんだか曇ってきたみたい。雨が降りそうだわ。傘、持ってきた？」（ホントは晴れている）

「うそつきばななを食べたから、先生がうそつきになっちゃった」と思ったのか、泣き出す子どもも出るしまつです。
担任（うがいをして元にもどる）「あれ？どうしたの。みんなそんな顔して」
全員「ああ～、よかった。先生が元にもどって」

4~5
歳児

まじょのシチューをめしあがれ

魔女ひとり
ローラ・ルーク・作
S.D.シンドラー・絵
金原瑞人・訳
小峰書店
2004年初版

1 みんなで読んでみよう

まじょが　ひとりで　おかのうえ
からっぽ　おなべの　ふたとった

たそがれどきのような暗紫色がベースの絵。
これから何かが起こりそう…。
魔女はシチューの材料を調達に
出かけるのですが、訪れる先は、なんと！ 西洋の魔物たちがすんでいるところ。

のらネコ　にひき　ごみすてば　まじょに　さかなの　ほね　あげた

その次はかかし３人、ゴブリン４人、ドラキュラ５人、ミイラ６人
というように、数の絵本にもなっています。
とても信じられない材料が、ページをめくるたびに増えていきます。
子どもたちはといえば、息をのんで見つめています。
さあ、パーティーの日です。魑《ち》魅《み》魍《もう》魎《りょう》たちが続々とやってきました。

ぶきみな　シチューに　したつづみ（なんておいしいシチューだろう）
さいごに　のこった　いっぱいは……

この場面にくると、「どうするんやろうなあ。このシチュー」
つぶやきが漏れます。
最後は読者に向かって皿が差し出され、「さあ　どうぞ」。
この一言に子どもたち、思わずあとずさり。
「ワアッ！ いらん、いらん！」

2 どうやってあそぼうか…

この絵本、魔女のあそびには
なくてはならない1冊なのです。
魔女のシチューに度《ど》肝《ぎも》をぬかれた子どもたち。
その気持ちをそっくり
パネルシアターへとつなげることにしました。
画用紙で大きななべを作り、
パネルに貼って…

3 はじまり はじまり～

まず、大きなおなべをデンとひとつ出して—。

私「今からみんなで魔女のシチューを作りましょう。さて、だし汁は、みみずを入れて」

子「キャ～、みみずを入れた！」

子「キモチワル～」

私「まだまだ、おだしがたりないわ。いもりも入れて、コトコトコト」

子「ギャ！」

私「それから、ゴキブリ、毒きのこ、へび、毒りんご、さとうのかわりにソフトクリームも入れちゃえ」

私「グツグツグツ、シチューのにおいがしてきたわ」

子「うっ、クサッ～」(口で手を押さえている子も)

ふたをとって 材料をどんどん
投げ入れます。子どもが喜びそうな
ものなら なんでも OK

私「このスープを飲むと、魔女になれるかもね」
子「こんなん本当に飲めへんわ」(そう言うと思ってました！)
私「これと同じやり方で作ったシチューを持ってきたよ」
(びんに入った本物のシチューを見せる。中身はコーヒー)
子「ウエッ～！」(驚きの声。しめしめ、どうやら信じたらしい)
私「では、飲んでみようかな」
全員「あかん、あかん！飲んだらあかん！」(私のことを心配してくれる、なんてやさしい子どもたち)
子「飲むんやったら、事務所で飲んで」(それ、どういうこっちゃ)

固唾《かたず》を飲んで子どもたちが見守るなか、「ゴクリ」と飲んだ私は、その場にうずくまり、そして「魔女だ！」と叫んで立ちあがりました。

すると、その場はキャ～とパニック状態に。建物のかげにかくれたり、事務所に飛びこんだり、園全体が騒然となってしまいました。「あらあら大変、騒ぎを収束させなければ」。予想をはるかに超える子どもたちの反応にびっくり仰天です。そこで、「みんなどうしたの？何をそんなに騒いでいるの？」

(元にもどり、ふしぎそうに言う。ここは演技の見せどころ)
子「さっき、魔女になったやんか」
私「ぜ～んぜん知らんかったわ。でも、もう大丈夫！ 薬が切れたから」
子「ほんとに、なんもおぼえとらんの？」
私「うん、ほんとになんにもおぼえとらんの。ごめんね、心配かけて」

……………まじょのシチューをめしあがれ

現実にありえないものが目の前に出現したとき、うそかな？ほんとかな？子どもたちの好奇心が、むくむく頭をもたげます。

この一件があって以来、私の顔を見ると「魔女の本、読んで」とあまりに熱心にせがまれるので、とうとう次の１冊を読むはめになりました。

私のまわりには、おそるおそるそばによってきた子どもたちの人垣ができていました。たっぷり１時間もあそんだでしょうか。

しばらくしてわかったのですが、あの騒動の最中、冷静に、魔法のシチューをなめて確かめていた子がいました。

「あれ、コーヒーやろ。コーヒーのにおいがしとった」

4~5
歳児

まじょのおまつり見たってホント？

まじょのくに
油野誠一・作
福音館書店
2006年初版
品切れ

1 みんなで読んでみよう

「空飛ぶほうきに乗って
魔法の国へ行ってみたいなあ」
子どもなら誰しも一度は思い描く夢。
そんな願いをかなえてくれるのが
この絵本です。
カラフルでやさしいタッチの絵が、ファンタジーの世界へといざないます。
ヒロミちゃんが窓から外を見ていると、ほうきの柄が折れて
公園のいちょうの木に、おばあさん魔女がひっかかっています。
ヒロミちゃんが接着剤でほうきを直してあげると
そのお礼に魔女の国へ連れていってもらうことに。
月に照らされ、魔法のほうきに乗っているヒロミちゃんの絵に
子どもたちはうっとり見ほれています。
やがて、魔法の国に到着。魔女たちは大歓迎！
夜空をみんなで輪になって、グルグル飛び回る情景は爽快です。
子「ヒロミちゃんも空飛ぶほうきに乗っとる！」「こわい！落ちそう」
夜のパーティーに招かれたヒロミちゃん、お皿の中を見てビックリ。
なんと、みみず、さそり、かえる、へび、どくきのこなどが
入っているではありませんか。
子「エッ、エッ、エエッ～！」
どの絵本でも、やっぱり魔女の食べ物はいっしょなのですね。
ヒロミちゃんはほうきに乗って家に逃げ帰ります。
次の朝、空飛ぶほうきはただのほうきになっていたのです。

この絵本は品切れのため図書館などをご利用ください

2 どうやってあそぼうか…

同じ魔女の話でも
今度はみんなで楽しくイメージの世界を
あそべるといいなと思いました。
季節はちょうど、クリスマスが待ち遠しい
11月下旬。私は、机の中からいいモノを見つけ
今日の日のためにかばんにしのばせて
持ってきていました。

3 はじまり　はじまり〜

私「ねえねえ、ちょっとみんな、聞いてくれる？私、この絵本と同じ魔女のお祭りを見たよ」
子「えっ、ホント？」
　絵本の余韻にひたっている子どもたちに話しかけます。

「夜の12時、森を見るとあかりがぽっとともっているのでおかしいと思い、どんどん森の奥深く入っていったの。ふと、空を見上げると、ほら、この絵本と同じ、ほうきにまたがってたくさんの魔女たちが、輪になって夜空を楽しそうにびゅんびゅん飛んでいたんだよ。もうびっくりしちゃった。あたりを見回すと、どの魔女の家の前にも木が１本はえていて、そこにあかりがつるしてあるんだけど、あんまりきれいだったので、こっそりもらってきちゃった。このかばんの中に入っているの」

子「わあ、早く、早く見せて！」
　子どもたちは待ちきれないようす。カーテンを閉め、室内を暗くしてムードを盛りあげます。取り出したのは、水に浮かぶ不思議な赤い玉（クリスマス用のろうそく）。ボールに水を張り、赤い玉を浮かべて火をともします。薄暗い室内で、チロチロ炎が揺らめき、ファンタジック！
子「わあ、きれい。りんごみたい」
子「トマトみたい」
子「下からのぞくと玉が大きく見える」
私「魔女の国には、こんなあかりがいっぱいともっていて、それはそれはきれいやったなあ」

私「それから、魔女のお手紙の葉っぱも持ってきちゃった」（本当に字が書ける多羅葉《たらよう》の葉に、その場で書いて見せる）
子「エエッ！ホントや」
子「空飛ぶほうきにのせてくださいって、葉っぱに書きたい」
子「うん、うん、乗りたい、乗りたい！」
私「それじゃあ、魔女にお手紙書こうか」
子「やっぱりあかん。イヤヤ、イヤヤ」
私「なんで？」
子「魔女が来るかもわからん」

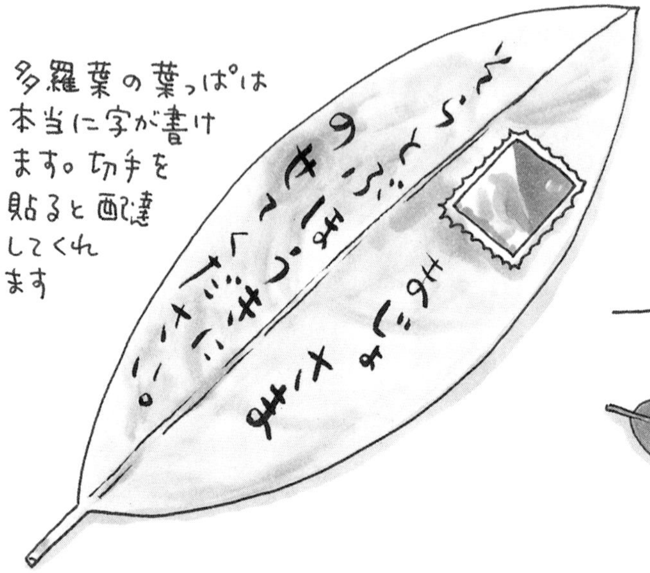
多羅葉の葉っぱは本当に字が書けます。切手を貼ると配達してくれます
まじょさま
そらとぶほうきにのせてください。

結局、こわさが勝って、手紙を出すことは断念。
すると、カーテンのすき間から外をのぞいたＫくん、
Ｋくん「カラスがこっち見とる！」（カラスは魔女の手下だと思っている）
空をカラスが１羽飛んでいるだけなのに、たちまちその場は大騒ぎになってしまいました。

…………まじょのおまつり見たってホント？

その後も魔女の話をせがまれ続け、とうとう子どもたちの卒園と同時に、私も魔女学校のこうもり組へ入学して、もっと魔法の勉強をすることとなってしまいました。これでやっと、約１年間のつきあいとなった魔女に、終止符をうつことができたというわけです。

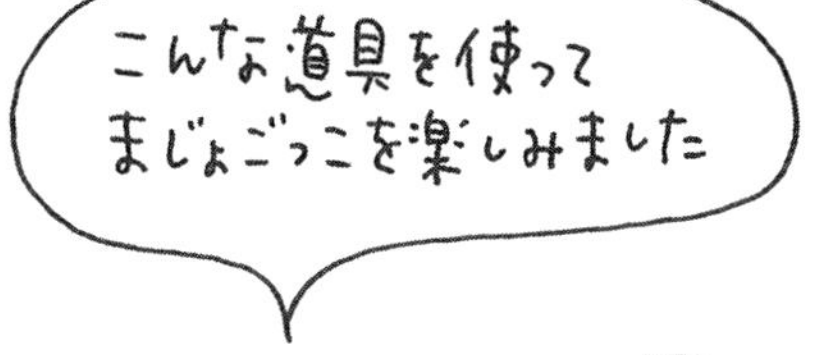
こんな道具を使って
まじょごっこを楽しみました

空飛ぶほうき
竹ぼうき
魔女になる薬
おしろい花の実
まじょのおしろい
へくそかずら
くさいので敵が逃げていく
万華鏡
家の古い鍵
金の時計
魔法がのってる本
ぴかぴかだんご
カラスは魔女の見張役
子どもと先生の宝物いっぱい

4~5歳児

◉

みんなでたたこうドデガデン

てんのおにまつり
宮﨑優・宮﨑俊枝
BL出版
2010年初版

1 みんなで読んでみよう

この本を手に取ったとき
画面構成がくふうされていてすてきだなと
思ったものの、正直、ちょっと
幼児向きじゃないかもしれない
という気もしていました。
ところが、声に出して読んでみると、文と絵から生み出される躍動感。
いにしえのかなたから、太鼓の音が聞こえてくるようです。
絵は、コラージュ画法が取り入れられ、和紙のにじみ絵
千代紙の切り抜きなどの材料を、抽象、具象の世界とうまく組み合わせ
大胆に表現されています。おにのこが太鼓をたたくと、どこからか
こわそうな神さまたちが現れます。
おにのこをあそばせながら力を授《さず》ける、ホントはやさしい神さまたち。
そんなストーリーが、太鼓の音とともに詩で綴《つづ》られています。

　まつりのたいこだ　ドンドンドン
　なみといっしょに　ドデガデン
　りゅうじんさまが　おどりでる
　ズンドンダダーン　ズンドデン
　「わしのちからが　ほしければ　ひげにとびのれ　ぶらさがれ」

おにのこたちが、龍神さまのひげにぶらさがって、天まで揺らします。
続いて出てくるのは、べろべろさま、山神さま、黒魔神さま。
子どもたちは食い入るように見つめています。そのうちに、あれ？
「ドンドンドン　ドデガデン」、子どもたちが太鼓の音を口ずさみ出しました。
これがこの絵本の力なのでしょう。ことばのリズムが
子どもたちの心に呼びかけ、響かせます。

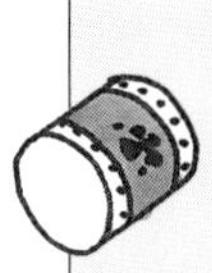

2 どうやってあそぼうか…

それならばと、途中から
太鼓のリズムをみんなで声を出して
唱えることにしました。
絵本との一体感が生まれ、とってもいい感じ！
さらに、太鼓の音を
実際にたたいて表現してみたら
おもしろいぞ…！

3 はじまり はじまり〜

急に思いついたので、バチの代わりに段ボールの筒２本、机を太鼓がわりに始めてみました。
私「太鼓、たたきたい子！」
子「ハーイ、ハイ」

なにしろバチが２本しかないので順番です。ほかの子どもたちは、ひざの上でたたくことにしました。

ひろいのはらで　ドンドンドン
つきにてらされ　ドデガデン
うん、いいよ、いいよ、その調子！

おにのこの父さん登場のときは、「ピカピカ　ゴロロ　ズデデデーン」雷さまをイメージして、ドコドコドコ、机を大きくたたきます。祭りの太鼓にいなせな姿。気分上々です。

締めは、バチを持って、ハイ、ポーズ！

私「Kくん、そのポーズ、何かな？」

K「かぶとむしポーズ」

１本のバチを頭上高く突き上げて、かぶとむしの角を表現。

全員「かっこいい！」(拍手)

私「Sちゃんは、なんのポーズかな？」

S「私、おにの角のポーズ」(拍手)

頭に、２本のバチをのせています。

子「もっかい、読んでほしいな」

私「ええっ！　また？」

……………みんなでたたこうドデガデン

　一度に何度読んだことでしょうか。それなのにまだアンコール？よほど楽しかったのでしょうね。今度するなら全員で太鼓をたたいてやってみたらどうかな？おもしろそう！想像するだけでもわくわくしてきます。

　最初は、この絵本だけであそべるなんて思ってもみなかったのですが、子どもたちの表情や声に耳をかたむけていると、思わぬあそびの糸口がみつかるものですね。ああ～楽しかった！

東京
クラブ保育園

1

みんなで作って
お店屋さんごっこ

年長児のクラスで

「お店屋さんごっこ」を企画しました。

家庭で使用済みのお弁当やお菓子の空き箱を使って

まるで本物のように見える商品作りを

めざしてみました。

子どもたちはもちろんですが、保育者と保護者のほうが

「これはどう？　使えそうよ！」と夢中になる場面もありました。

通販の品物を保護する「まゆ」のような形をした緩衝材が

おすしのシャリになったり、ケーキのクリームになったりと

かなり活躍しました。

食べ物を作る作業は、本当に夢があって楽しく

何日もかけて 20 名の子どもたちで

217 個もの商品を作りました。

「うわ～おいしそうね。本当に食べられそう」と

声をかけられるたびに得意顔の子どもたち。

全クラスの子を招待して

お店屋さんを開きました。

ゼリー・プリン

- ゼリー・プリンのカップ（使用済み）
- 折り紙
- ビニール袋（色つき）
- サインペン
- ボンド

用意してね

カップはいろいろな形があると楽しいので、使用済みのものを集めるとよいです。子どもの年齢によっては、スライムを入れてしっかり封をすれば、さらに雰囲気が出ると思います。

色のついたビニール袋
を丸めて
入れます
サインペンで
模様を描きます

スライム

折り紙などでふたをします
ボンド

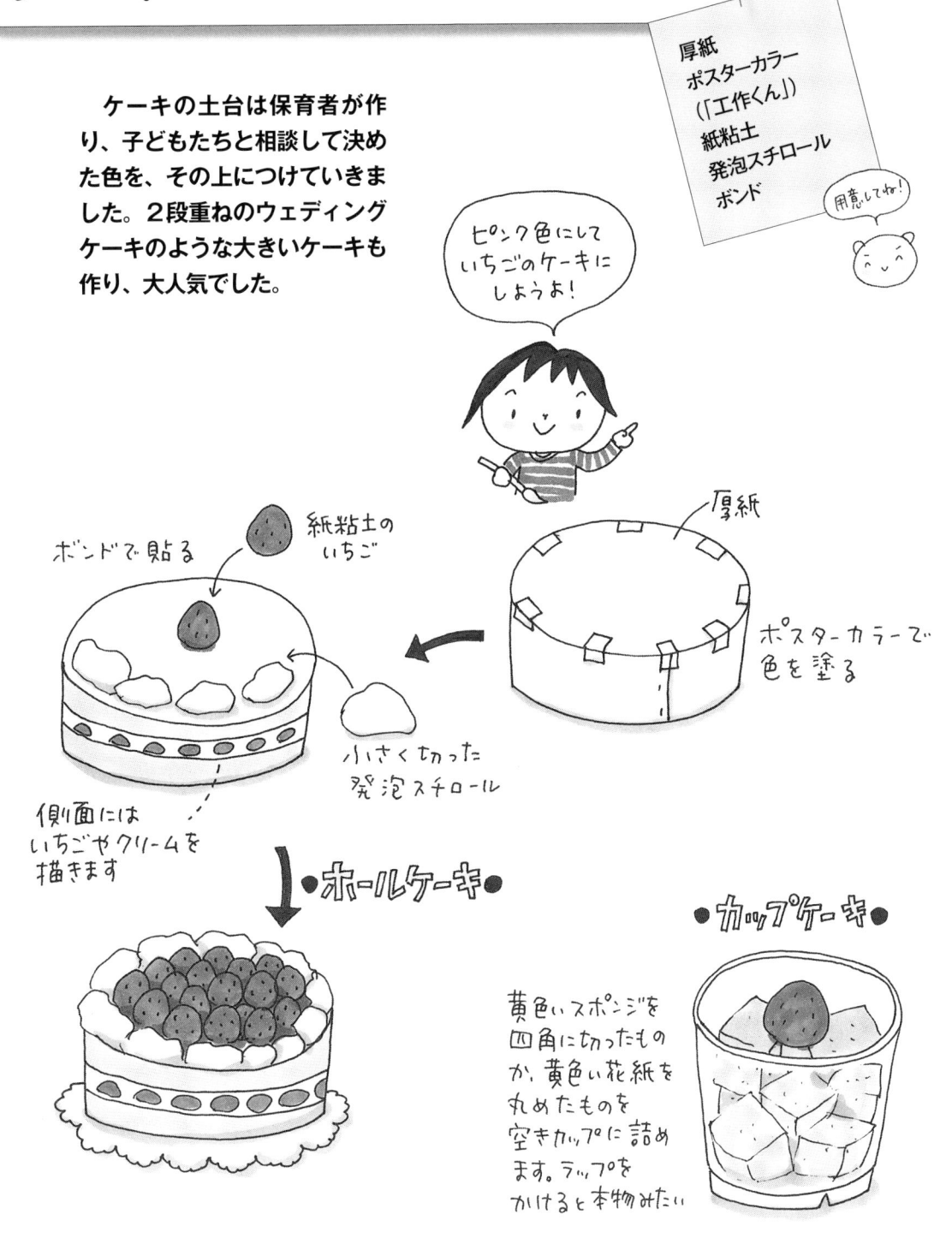

ケーキ

厚紙
ポスターカラー
(「工作くん」)
紙粘土
発泡スチロール
ボンド

用意してね!

ケーキの土台は保育者が作り、子どもたちと相談して決めた色を、その上につけていきました。2段重ねのウェディングケーキのような大きいケーキも作り、大人気でした。

ピンク色にして
いちごのケーキに
しようよ!

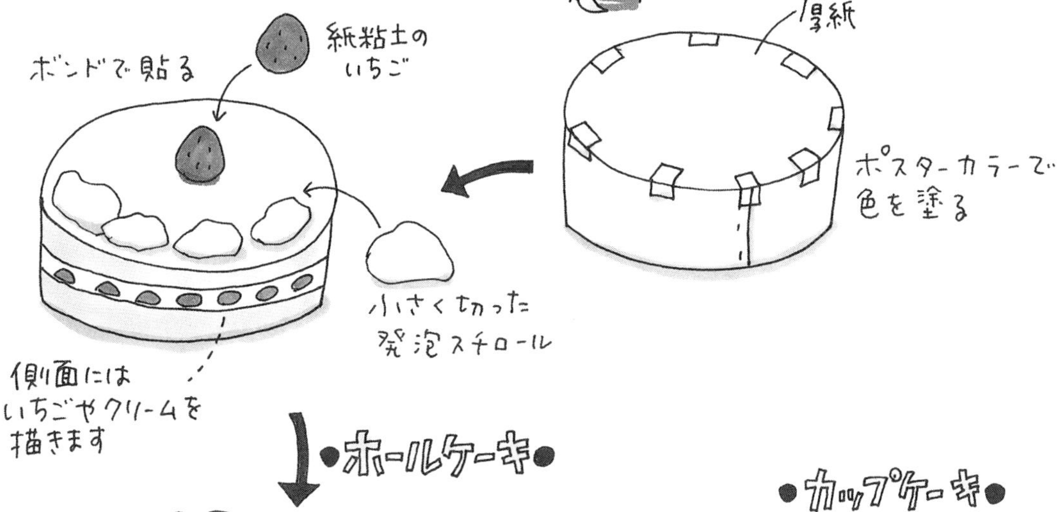
厚紙
ポスターカラーで
色を塗る
紙粘土の
いちご
ボンドで貼る
小さく切った
発泡スチロール
側面には
いちごやクリームを
描きます

●ホールケーキ●

●カップケーキ●

黄色いスポンジを
四角に切ったもの
か、黄色い花紙を
丸めたものを
空きカップに詰め
ます。ラップを
かけると本物みたい

園では、工作用絵の具を使います。水性、即乾性で色落ちしません。少々割高ですが、小さい子がなめても大丈夫。木やガラスなどいろいろな素材に使えます

ドーナツ屋さん

新聞紙をふんわり丸めてドーナツ形を作ります。年長クラスなら子どもたちで、年中以下なら保育者が作ります。看板を作り、売り場、レジとお店も雰囲気を出すように作って、楽しんでみてください。

トレイの上に並べた商品を、店員がお客の希望を聞いて、トングなどで取り分け、袋に入れて、会計をするやり方もあります。その場合は、売り場を広くとって、商品を並べた机の後ろに、売り手役の子が全員並べるようにします

新聞紙
折り紙
のりまたはボンド
色画用紙
布ガムテープ

用意してね

❶ 1/2に切った新聞紙を
2枚重ねて弓形に
ふんわりと丸め、最後は
輪にします

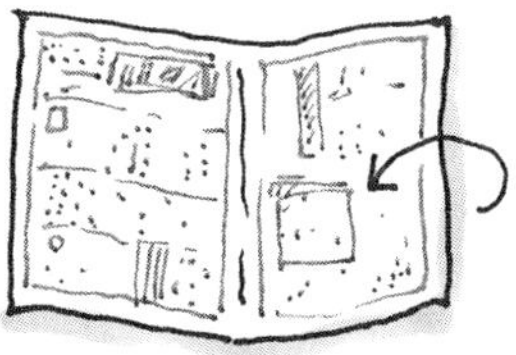

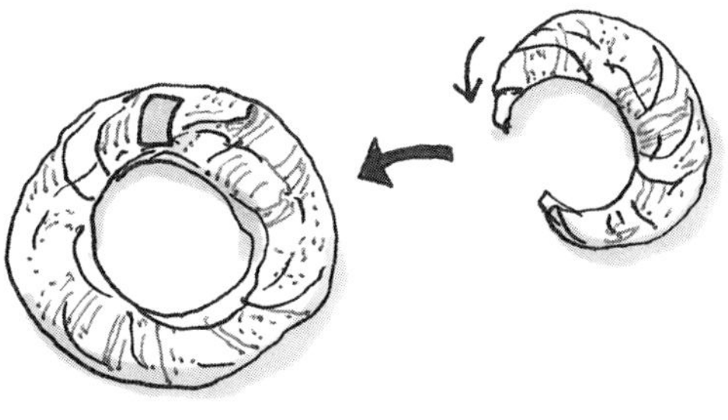
クロワッサンの
ようにね

連結部分に
ガムテープを小さく切って
貼ります

❷ 折り紙を貼りやすい大きさに
ちぎって、のりで貼っていく

❸ 表面にのりをつけ、
細かく切った色画用紙を
パラパラまいて
貼りつける

カラースプレー
チョコレート
のように、
ドーナツ
らしくなります

上半分下半分で色を
かえて…

チョコドーナツ
(茶色＋クリーム色)

いちごチョコドーナツ
(ピンク＋茶色)

バリエーションいろいろ!!

おいなりさん

- 薄手のタオル（白）
- ポスターカラー（茶色）
- 新聞紙
- プラスチックのパック
- バラン
- ボンド

温泉地や景品でもらう薄手のタオルを茶色のポスターカラーで染め、乾かして、おいなりさんの皮を作りました。

❶ 茶色のポスターカラーで色水を作り、タオルを染めます

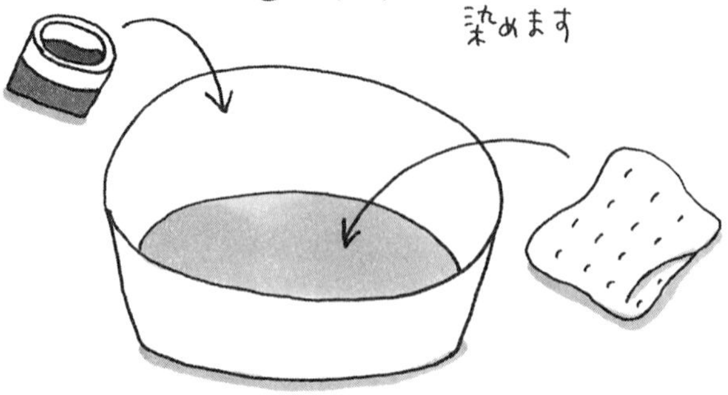

❷ よく乾かして長方形に切る

❸ 中に新聞紙などを詰め、おいなりさんの形に丸めてボンドで貼り合わせます

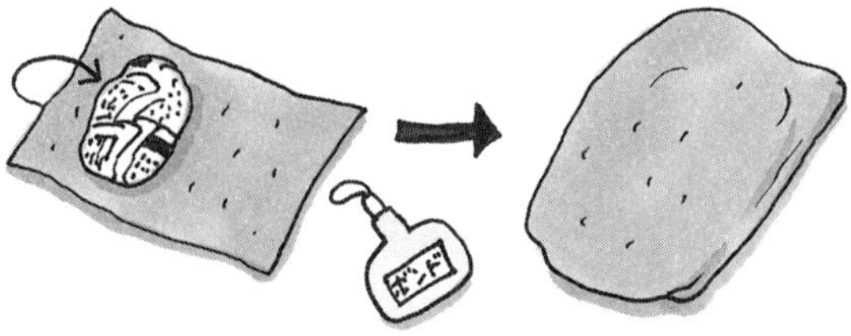

❹ パックに詰めて、バランを飾ります

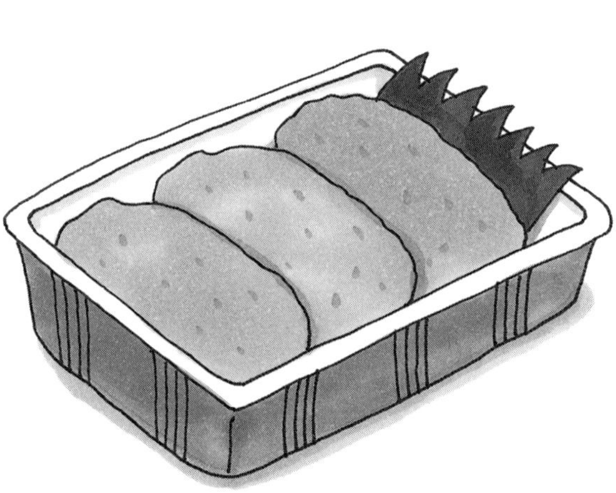

バランは本物を使ったり、折り紙を切って作ってもいいよ

おすし屋さん

発泡スチロールの緩衝材
色画用紙
折り紙
ボンド
ペン

用意してね!

白い発泡スチロールの緩衝材が、ちょうどおすしのシャリと同じ大きさだったので利用しました。上にのせるネタは、折り紙だと薄すぎて張りがないので、画用紙がよいと思います。

● イカのお寿司

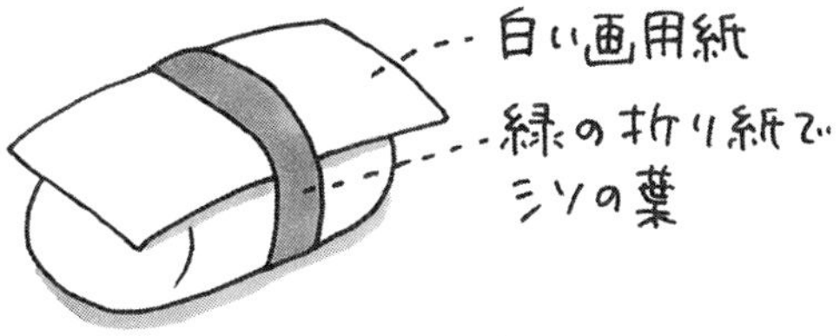
白い画用紙
緑の折り紙でシソの葉

● まぐろのお寿司

赤い画用紙

● 玉子のお寿司

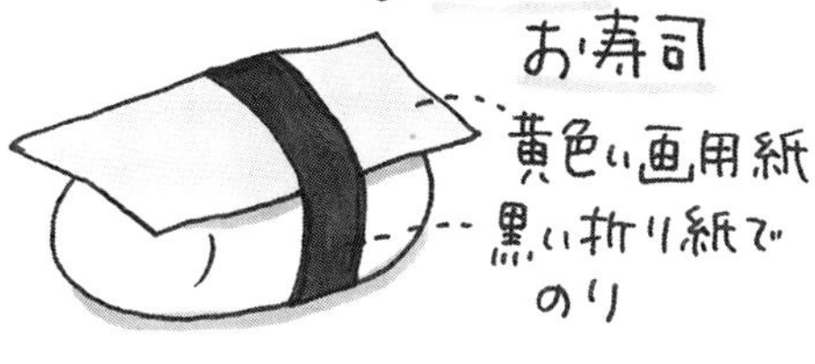
黄色い画用紙
黒い折り紙でのり

● イクラの軍艦巻き

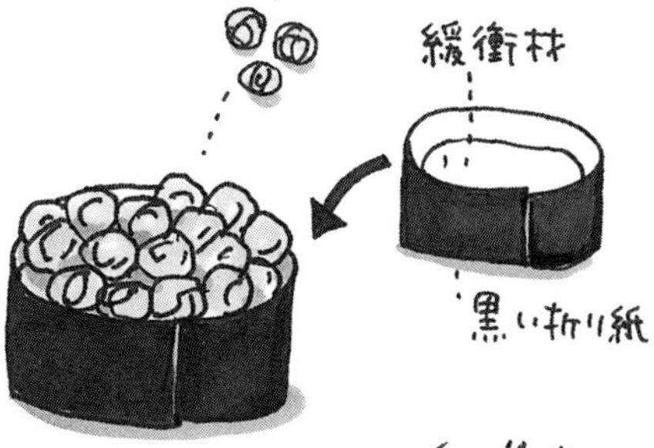
オレンジ色の折り紙を小さくまるめます
緩衝材
黒い折り紙

● 細巻き

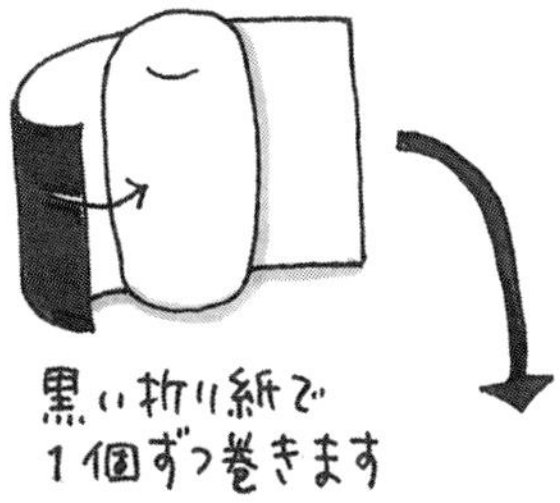
黒い折り紙で1個ずつ巻きます

茶色いペンでカンピョウを描きます。黄緑でキュウリ、黄色で玉子を

発泡スチロールトレイに入れて、ラップをかけたり、おそうざいのパックに入れて

バランは緑の折り紙

お弁当屋さん

りんごやメロンの入っている白いネットがスパゲッティに！
給食室からたくさん分けてもらったプチトマトのパックはサラダ入れになります。できあがったお弁当にラップをかけると、雰囲気倍増です。

●スパゲティ●

❶ 白いネットをオレンジ色の絵の具（ポスターカラーなど）で塗ります

❷ ネットをばらばらにします。ピーマンにみたてた緑の画用紙と肉にみたてた赤い画用紙を細く切ってのせます

裏表色のついた紙で作ってね！

●レタス●

緑と黄緑色のクレープペーパーを葉っぱの形にしてウェーブをつけると、本物のレタスのようになります

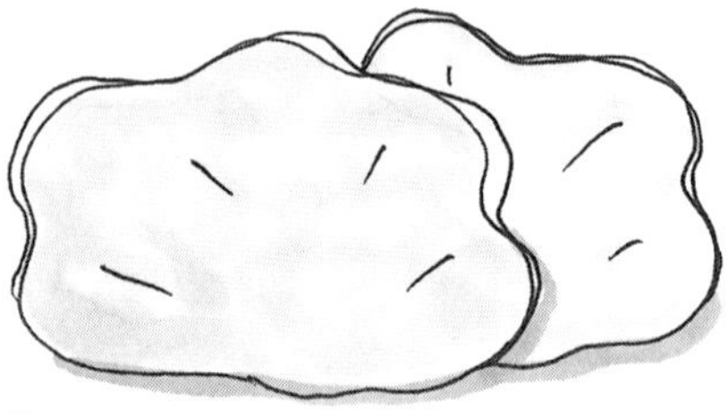

※クレープペーパーは造花に使う紙です

●おかず●

紙粘土で作ります

色を塗っておいしそうに作るよ

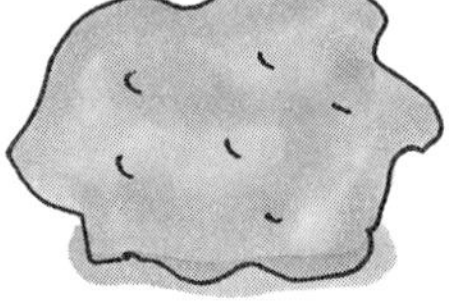

●からあげ●

●ハンバーグ●

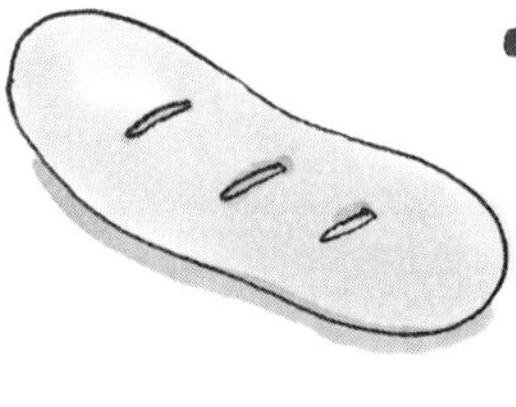

●ソーセージ●

紙粘土
ネット状のくだもの用緩衝材
ポスターカラー(オレンジ)
クレープ紙(緑、黄緑)
色画用紙(緑、赤、
黄緑、オレンジ)
お弁当の空きパック
プチトマトの空きパック
ラップ

•プチトマト•

サラダにもお弁当にも
入れるから、紙粘土で
たくさん作ります

用意してね!

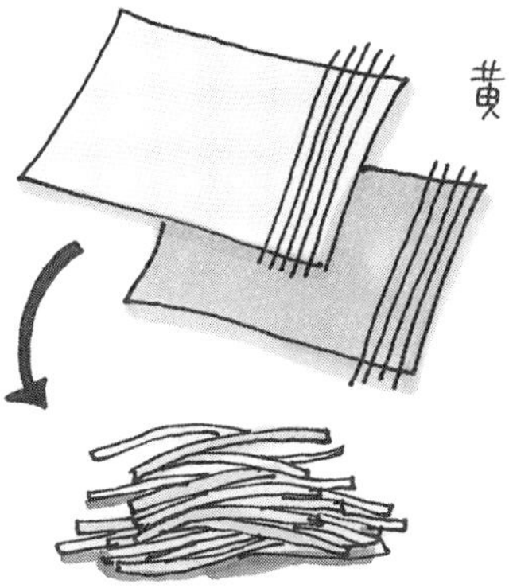

黄緑の色画用紙を細く切って、
キャベツの千切り、
オレンジ色で
にんじんの千切り
を作って サラダに
入れます

給食室でもらった
プチトマトのパックに
サラダをつめます

野菜も
たっぷり!
おいしそ〜〜♥♥

あめ・ラムネ

発泡スチロールの緩衝材
あめ・ラムネの包み紙
（使用済みのもの）

用意してね！

緩衝材のちいさい発泡スチロールを、使用済みの包み紙でくるみます。袋に絵を描いたりシールを貼ったりして、ちょっとポップな雰囲気を出すと、かわいく仕上がります。

緩衝材
紙粘土に
色をつけます
木の実
ラムネ
かわいい
模様のついた
テープで
封をして
透明のビニール袋
（使用済みのあめの袋）

おせんべい

色画用紙（茶色）
折り紙（黒）
透明のビニール袋
千代紙
筆ペン

用意してね！

茶色の画用紙をせんべいの形に切り、黒い折り紙でゴマやのりを作って貼りつけます。せんべいにする紙は、折り紙だと裏が白く厚みがないので、色画用紙がおすすめです。本物のせんべいの空き袋を使ってもおもしろいです。

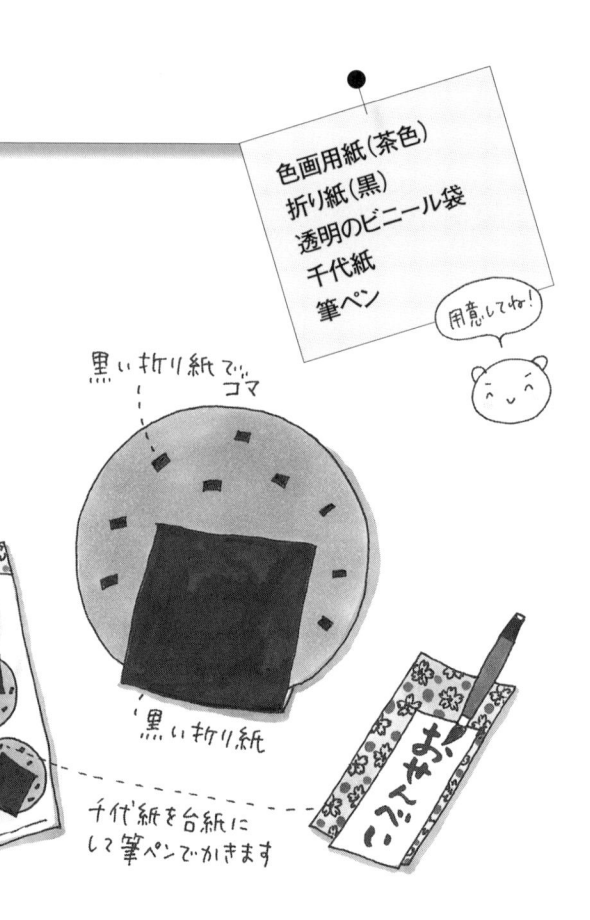

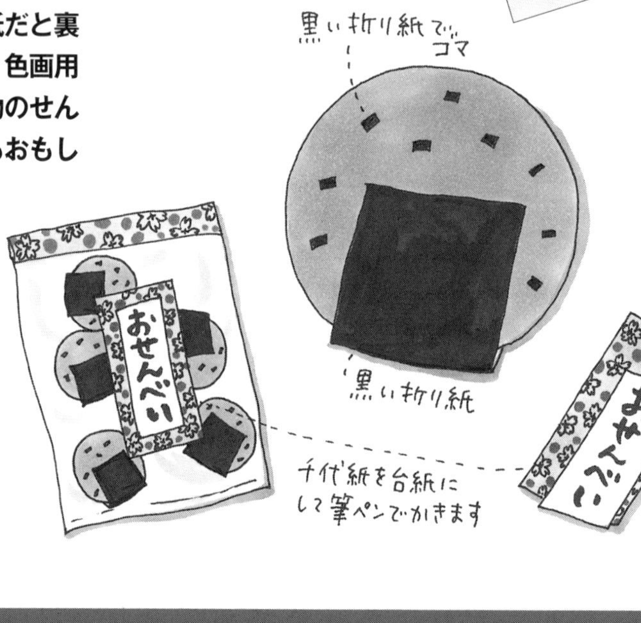
黒い折り紙で
ゴマ
黒い折り紙
おせんべい
千代紙を台紙に
して筆ペンでかきます
おせんべい

いろいろなお店屋さんごっこや
絵本を読んでから楽しむごっこあそびなど
各園で実際に楽しんでいるあそびを
紹介してもらいました。
みんな
どんなふうに
あそんでいるのかな…？

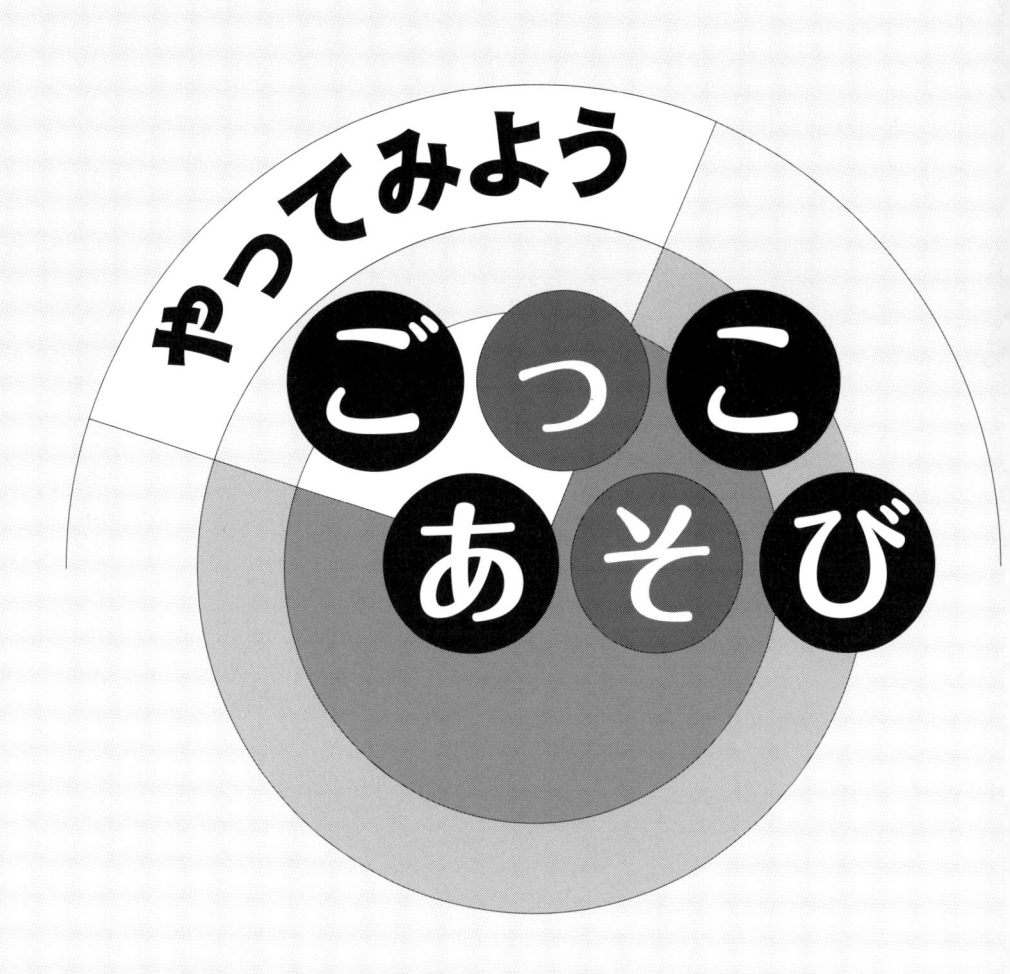

やってみよう ごっこあそび

2
歳児

お医者さんごっこ

神奈川
●
横浜市かながわ保育園

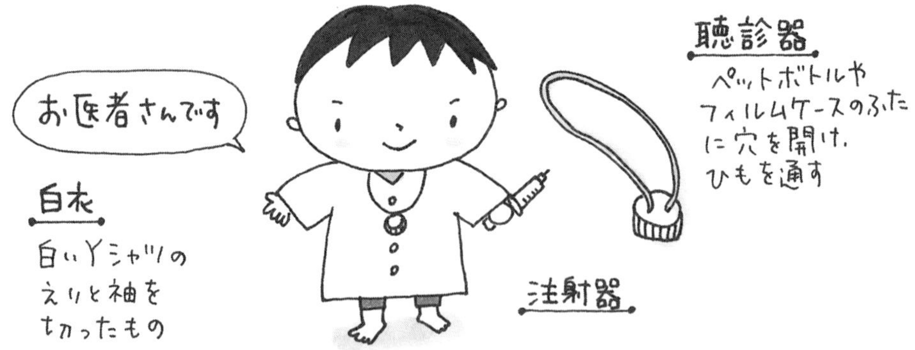

お医者さんです
白衣
白いYシャツのえりと袖を切ったもの
注射器
聴診器
ペットボトルやフィルムケースのふたに穴を開け、ひもを通す

患者さんは椅子をならべた待合室で座って待ちます
○○ちゃんどうぞー
はーい

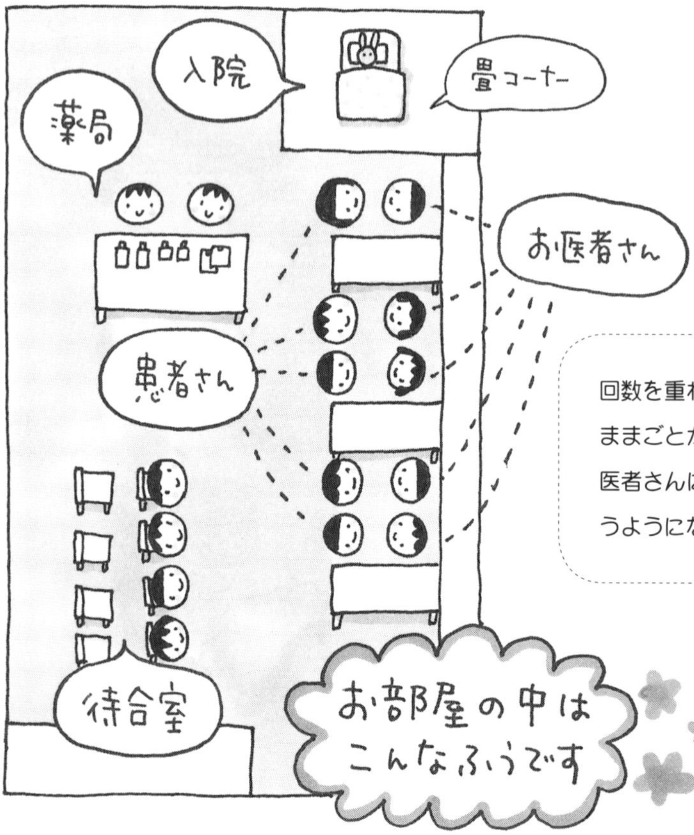

入院
畳コーナー
薬局
お医者さん
患者さん
待合室
お部屋の中はこんなふうです

回数を重ねると、待合室はなくなり、ままごとから、赤ちゃんを連れてお医者さんに出かけ、診察をしてもらうようになりました。

子どもたちがあそびの中で、お医者さんごっこのようなやりとりをしていたこと、かぜをひいてよく病院に行っていることから「子どもたちにとってイメージしやすいよね」と保育者間で相談し、11月の小児科検診後に始めました。

おとなが医者になりきって子どもたちを診察したあと、子どもたちが順番にお医者さんになり、「お注射しま～す」とあそび始めました。回数を重ねるごとに、白衣が5着しかないお医者さん役も順番にできるようになり、患者さん、薬屋さんと、それぞれの役を楽しめるようになりました。さらに、ままごととあわさって、ぬいぐるみを「赤ちゃん、お熱出ちゃって」とお医者さんのところへ連れていく子どもたちの姿がありました。

どこがいたいですか?
ここがいたいです
包帯は白い布を細長く切ったものやガーゼで

注射します
お熱です
入院する人もいます

おくすりどうぞ
診療が終わったら薬局へ…
くすり

薬は、実際に薬局でもらった容器と袋で。保護者の方に呼びかけて集めました。

タオルを額に…
いい子ねー

2歳児

お弁当バイキング

大阪●ひむろこだま保育園

ティッシュ
黒いビニールテープ
おにぎり
できた!
これはウィンナー!
お箸でおにぎりがつかめたら、バイキング開始!!
発泡スチロールの棒(緩衝材)
工作用の棒を切ってもいいかも
これはおつけもの〜
お野菜も入れるで!
マユ型の緩衝材
いろいろな形のフェルト

２歳児クラスでは、給食のとき、スプーンからお箸《はし》に移行します。しかし、お箸を使う初日に「はい、今日からお箸使ってね」では無理があると考え、お箸を使うごっこあそびに取りくんでみました。

まず、ティッシュを丸めておにぎりを作り、それをお箸でつかむようにしました。次に透明な容器に、フェルトや発泡スチロールの緩衝《かんしょう》材をおかずにして詰めていき、お弁当を作りました。そのようすは、さながらスーパーのおそうざいコーナーのようでした。

自分のお弁当を完成させるべく、楽しみながら夢中でお箸を使っていました。

ふたをして、輪ゴムをして
お弁当ができました！

まいどあり〜

レジ袋に入れてお会計

いただきまーす！
もちろん
お箸で

お箸を使うことは、お兄ちゃんお姉ちゃんになったようで、どの子もうれしい気持ちでいっぱい。「お箸も楽しんで！」の思いで取りくんだので お箸で給食を食べることに、とても意欲的になりました。

2
歳児

効果音でごっこあそび

京都●たかつかさ保育園

いろいろな効果音が20ぐらい入っているCDを聞きながら、その音に合わせてストーリーをつくっていきます。子どもの発言を保育者がフォローしながら進めます。

道具が何もなくても、手軽にみんなでできます。たまたま始めたあそびでしたが、子どもたちからリクエストが多かったです。

ストーリーに合わせて音源を編集したら、もっとおもしろくなりそうです。

ひとりひとりのイメージとことばを、発展させて結びつけ、つじつまを合わせて、みんなでワクワクしながらストーリーをつくっていきます。

2~3
歳児

魔女っ子シアター

香川●こぶし今里保育園

さ～て、いいものバッグから
今日は何がでてくる
のかな～？
わく
わく
わく
わく

帽子とステッキで
準備ができたら
……
では
魔法をかけるよ～
チチンプイプイの
プイ!!

魔法のりんごだよ～
これを食べたら
ゴリラになって
しまうのさ～～
魔法使いっぽい
話し方をします！
ちょーだい
あーん！
あーん
あーん

保育者が「いいものバッグ」を出します。その中には魔女の帽子とステッキが入っています。帽子をかぶりステッキを持つと、たちまち魔女に大変身！声もちょっと魔女っぽく。

いいものバッグから、魔法を使っていろいろなものを出します。あるときは飛び出すアイスクリーム。またあるときはソフトクリーム型のしゃぼん玉。何回かしているうちに、子どもたちからリクエストもあります。

魔法のことば「チチンプイプイのプイ！」と唱えて、くだものや野菜が出てくるときも。魔女が「このにんじんを食べると、たちまちうさぎになってしまうのさ」と言うと、子どもたちは口をあけて食べるまね。するとたちまちピョンピョンはねて、うさぎになりました。そこで動物のリズムを口ずさむと、喜んでリズムをします。魔法にかかるのが楽しくて、いろんなバージョンで楽しんでいます。

魔女の口伴奏でおどります。トマトを食べるとライオンになったり、いろんなものに変身します。

3
歳児

いも煮ごっこ

いろいろなごっこあそびつながっていきます
おうち
いも煮できたよ パーティするよ～♪
やったー
いただきまーす
鍋は保育士がダンボールで製作
ひとつくださーい！
とりたてのおいもはいらんかね
野菜をとって売りに来ます
紙でつくったおいも
おいしい おいしい おいもだよ～～
とうもろこしくださいー
網焼きもおいしいよー
イスをひっくり返して
お店屋さん
網は4.5歳の子がチラシを丸めて、棒にしてくれたもので作りました

北海道●幌北ゆりかご保育園

10～12月は、手を使って作り出す活動を中心に取りくんでいます。

3歳児で、プランターでの栽培や、秋に収穫したじゃがいもを煮て食べる「いも煮会」などの楽しかった活動の経験を中心に、10月からごっこあそびにつなげていきました。

共通のイメージをもち、自分たちでものを作りながらあそび、12月には、4歳児クラスのあそびなども加わって、いろいろなごっこがつながり、クラス全体で盛りあがりました。

さかなつり
4.5歳児が絵を描いて
自分たちで切りとりました
さおはチラシの棒に
ひもと磁石をつけて、
お魚にはクリップを
つけました
網で焼いてもらおう
ひとつください
とれたての野菜だよ
どーぞ
とりたて野菜売ってるよ
へなそうるに食べさせてあげるの
4歳児クラスでつくったへなそうる
おいも とれたー
鍋で煮てもらおう
どっこいしょ
うんとこしょ
ダンボールで作ったプランター
の中に、毛糸や紙をちぎった土
をたくさん入れました。中には新聞紙、
色紙、えのぐで
作った野菜が
入っています
さつまいも
ラデッシュ
にんじん
じゃがいも
キャベツ
プランタの畑で収穫

3
歳児

ごちゃまぜごっこあそび

宮城 ● 乳銀杏保育園

おうち
おいしいねー
お店やさん
お人形やさん あめっこやさん
バッグやさん お皿やさん…
いろいろあります
あめっこ おいしいよー
いらっしゃい いらっしゃい!!
あーあ、持っていっちゃったよー
どろぼうが 出ましたよ!!
まて まてー
おまわりさんが つかまえる!!

ままごと道具を品物にして、お店屋さんごっこを始めたものの、5分もたたないうちに売り切れてしまい、その後の展開に迷っていました。すると、「○○がお皿取った！」という声。そこで保育者が「どろぼうだ！」と言って警察に電話するふりをすると、「どこですか？」と男の子たちを中心にけいどろごっこが始まり、けんかも回避！

隣ではレストランやお店屋さんごっこをしていたりと、一見ばらばらにあそんでいるようにも思えるのですが、保育者がレストランでお茶したり警察に行ったりしてそれぞれのあそびに混ざることで、別のごっこあそびをしつつも、同じ空間で友だちを感じながらあそべました。3歳児らしいごちゃまぜの中におもしろさを感じました。

3~5
歳児

道具も作るごっこあそび

大阪
●
寝屋川市立保育所

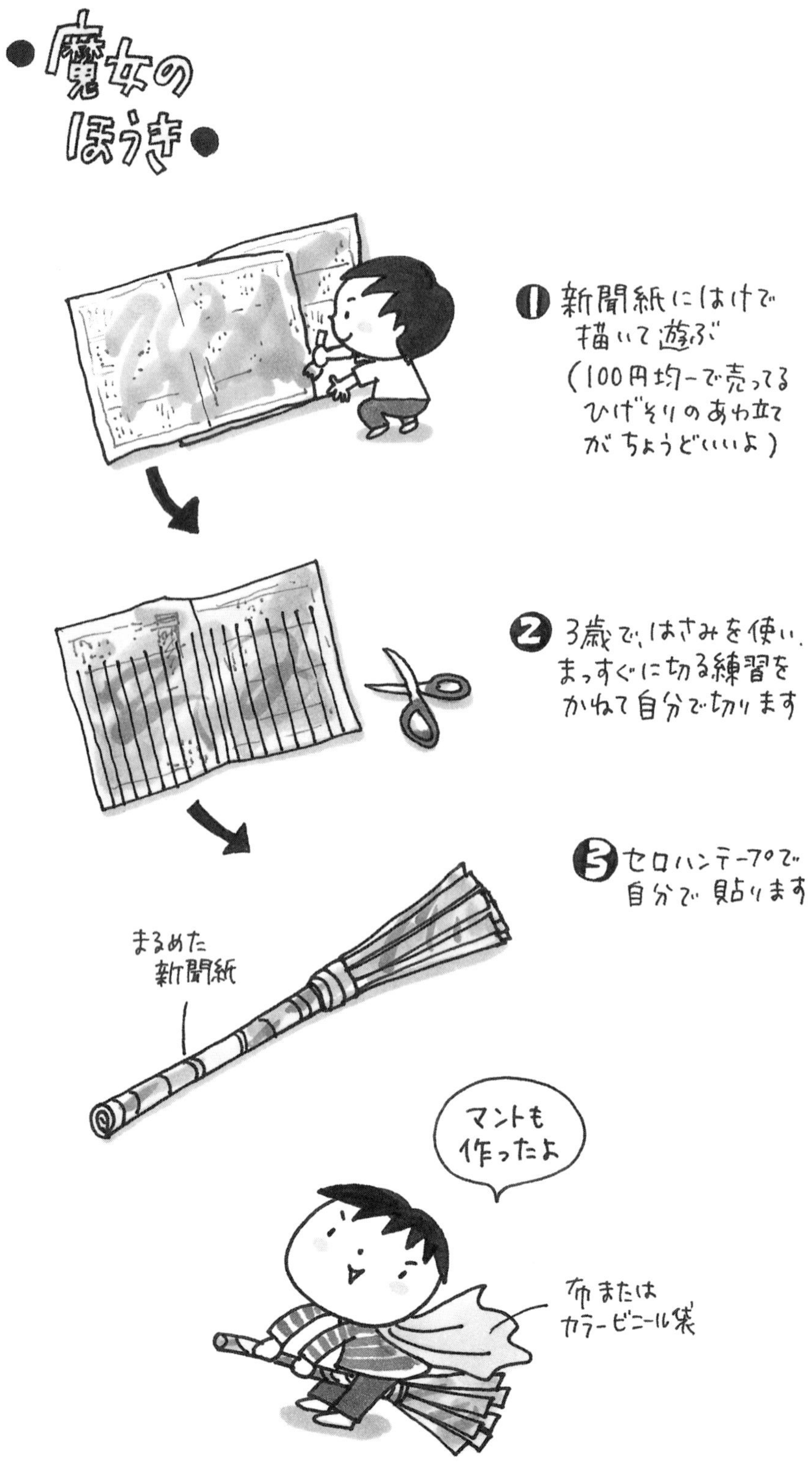
●魔女の
ほうき●
❶新聞紙にはけで
描いて遊ぶ
(100円均一で売ってる
ひげそりのあわ立て
がちょうどいいよ)
❷3歳で、はさみを使い、
まっすぐに切る練習を
かねて自分で切ります
❸セロハンテープで
自分で貼ります
まるめた
新聞紙
マントも
作ったよ
布または
カラービニール袋

造形活動をして終わりではなく、感覚あそびで作ったものや、廃材を利用して作った工作物をごっこあそびに使っています。

4、5歳児クラスになると、ごっこあそびや劇あそびに必要な道具などを、それぞれの経験を生かして、子どもたち自身で作り方や素材を相談し、作るところから楽しめます。

保育室に素材や廃材を置くコーナーを作り、食後などの時間に自由に使えるようにしました。また、お店屋さんごっこなどでは、ばんそうこうや消毒薬の空き容器、使用済みの薬袋、ピザの箱などの「本物」も使いました。

保護者に協力をお願いするとすぐ集まるし、本物なのでちいさい子もイメージがしやすく、すぐにあそびに使えます。

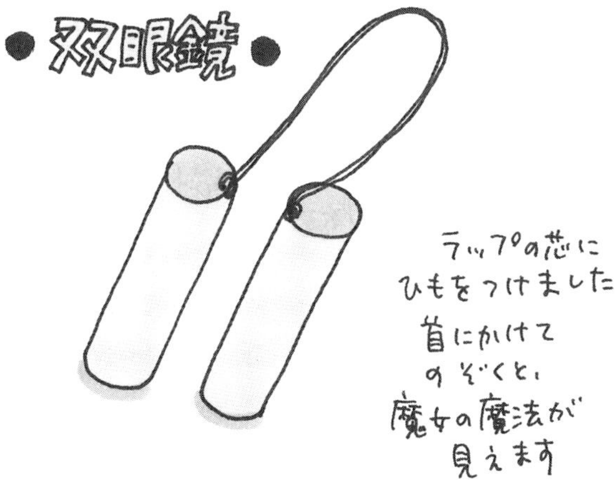
双眼鏡
ラップの芯に
ひもをつけました。
首にかけて
のぞくと、
魔女の魔法が
見えます

宝箱
三つ編をした
ひもで、ショルダー
バッグにしました
ペットボトルを半分に切り、
上の部分をさかさに入れて、
ふちにビニールテープを貼ります。
魔女の落とし物を拾います

作った道具で
手紙をくれた
魔女を
さがしに行くよ

5
歳児

まさあじ屋さん

受付
まずは受付で ちけと を渡してもらいます これを持ってレストランへ
ちけと
ちけと
レストラン
今日のおすすめは何ですか?
いらっしゃいませ! 何にいたしましょうか?
メニューは絵本です
そうですね ケーキセット なんかが おすすめですが
ケーキセットです
厨房
ハーイ
すてき!!
コーヒーは黒いブロック
ままごと道具やチラシの切り抜き

京都●朱い実保育園

冬、５歳児きりん組で、床に敷物を広げ、机を置いて布をかけたら「ワァー、こたつや」と中にもぐりこみ始めた子どもたち。おままごと道具などを持ち込むと、みんなで棚を動かし、レストランの厨房《ちゅうぼう》を作り、次には受付ができ、チケットを渡されてレストランが開店。せっかくなので「給食の先生にも来てもらおうか」と言うと、数人がバタバタと給食室へ。ドキドキして待っていると先生たちが来てくれ、「今度は誰に来てもらう？」と子どもたちはあっという間に事務室へ。来てくれた園長は、食事におふろ、マッサージ、おみやげつきでルンルンと帰っていきました。後日、私たちも「ちけと」をもらい、うれしくて部屋に貼ったり大切に持っていました。

食事がすんだら
おふろもどうぞ
おふろ
マッサージやさん
まさあじや
さんでーす
気持ちが
いいねー
おみやげもつきます
自分たちのコートを
台にのせて、マッサージ台が
できていました
色紙で、
お金や
ちけと も
みんなで
作ります
ちけと

2
歳児

せんたくばあちゃん

絵本『せんたくかあちゃん』（福音館書店）を題材にごっこあそびを楽しんでいたある日、おばあちゃんから白いハンカチと魔法の粉（染め粉）をもらいました。さっそくみんなでハンカチを染め、絵本のかあちゃんと同じようにエプロンにしたり、おままごとの食べ物を包んでピクニックに出かけたりしました。

このハンカチを三角に折って頭巾にし、子どもたち全員がおばあちゃんになりきって、腰を曲げて「ヨッタラヨッタラ」と歩く姿はとてもかわいかったです。

たくさんあそんだあとは、みんなでハンカチを洗濯しました。洗濯ひもを屋上に張って干すと、「うわー、絵本みたい」と大喜びでした。

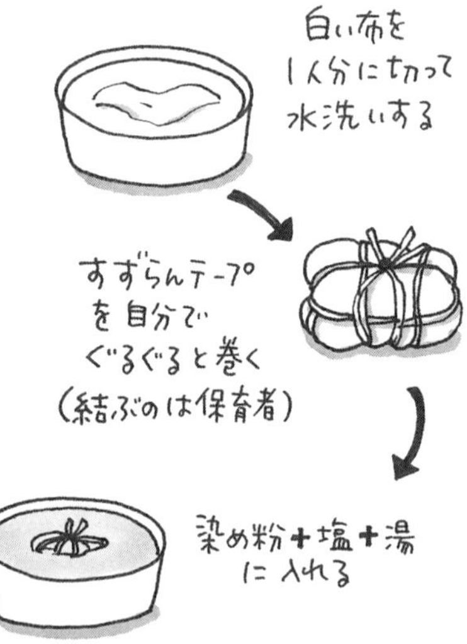
白い布を
1人分に切って
水洗いする
すずらんテープ
を自分で
ぐるぐると巻く
（結ぶのは保育者）
染め粉＋塩＋湯
に入れる
水で洗ったら
できあがり！

せんたくばあちゃん
変身頭巾!!
子どもたちがいつでもおばあちゃんに
なって遊べるように、端にマジックテープを
つけて、自分でとめられるようにしました
マジック
テープ
エプロンにも
なるよ！

大阪
● ひむろこだま保育園

2
歳児

「めっきらもっきらどおんどん」ごっこ

秋田●はねかわ保育所

２歳児こあら組で、みんなで共通のあそびのきっかけをさがしていたある日。『めっきらもっきらどおんどん』（福音館書店）の読み聞かせに全員が集中している姿があり、「おばけ来るかもね」と話すと、あたりを見回してドキドキ…。そこで、初めは保育者が布をかぶっておばけになり、追いかけっこや、ふれあいあそびから始めました。おもちゃやブロックでおばけ（保育者）とお宝交換をしたり、おばけが散歩先に現れたり、製作活動もいっしょにしたり、おばけがクラスの一員のような存在になり、みんなであそぶ楽しさを感じられるようになりました。変装をとった保育者に興奮ぎみにおばけの話をする姿から、ごっこあそびを楽しんでいるようすがうかがえました。

マントあそび
ポリ袋マントをつけて
おばけといっしょに
走りまわる！

とび箱ジャンプあそび
おばけの世界の
山を とびこえる!!

おもちのなる木
部屋を暗くして
おもちのなる木を
設置。先生も
おばけに変身！
おもち
おいしい
ね！

3
歳児

「おたまじゃくしの101ちゃん」ごっこ

静岡●浜松たんぽぽ保育園

「1つ大きくなったらおたまじゃくしからかえるに」と、『おたまじゃくしの 101 ちゃん』を1年のテーマにしました。

春、自分たちでおたまじゃくしをつかまえてきて部屋で飼育。

毎日よく観察して慣れ親しんだので、歌と衣装も作り、おたまじゃくしになりきってダンスを楽しみました。「いい子でいたい」という子たちをはじけさせたい思いがありました。

ちょっとした時間には、保育士がたがめになり「おいしそうな 101 ちゃんだなあ、食べちゃうぞ」と追いかけっこ。暑い日にはじょうろを持って、水をかけながら。濡れながら逃げるのがおもしろい！なにげないあそびですが、みんながいっしょになって楽しめました。

おたまじゃくしがね スィスィ
お池であそんでる スィスィ
みんなあつまってさ スィスィ
ほらみんな楽しく スィスィ
黒いビニール袋
おどりや歌の好きな
女の子たちはすぐに大張り切り。
特に「プリプリ♪」と
おしりを振るところが好き
端は結んでおしっぽ！

3歳児

「てんぐのきのかくれが」づくり

大阪●ひむろこだま保育園

絵本『てんぐのきのかくれが』（教育画劇）を題材に、てんぐさがしが始まりました。でも、てんぐはまったく出てきてくれません。そこへ１通の手紙が。

「おれさまみたいにかくれがを作ってみろ。そしたら会いに行ってやる」

それから子どもたちは必死です。まずみんなでどんなかくれがにするか、設計図（共同画）を描きました。それをもとに話しあいながら、散歩先でどんぐり、松ぼっくり、枯れ葉、枝などを拾ってきて、壁や屋根に貼りつけ、かくれがが完成！

その後もたくさんのごっこあそびを楽しみ、かくれがは、ままごとやひみつの話しあいをしたり、絶好のあそび場になりました。てんぐの好きなくだものの木も作って楽しみました。

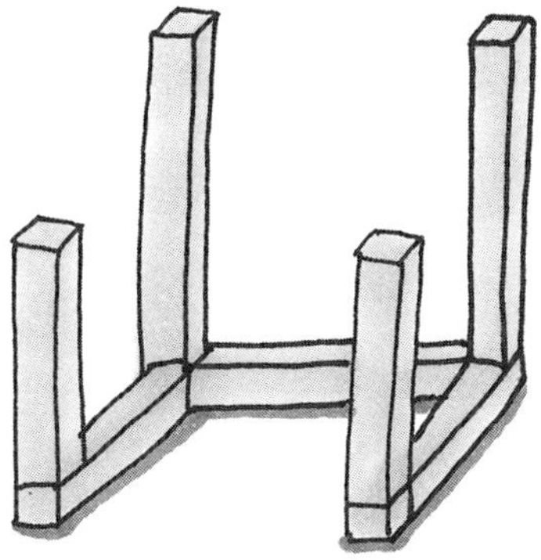

かくれがの土台は保育士が角材を切って組み立てました

茶色の色紙をくしゃくしゃにしてから破り、ダンボールにのりで全面に貼ります

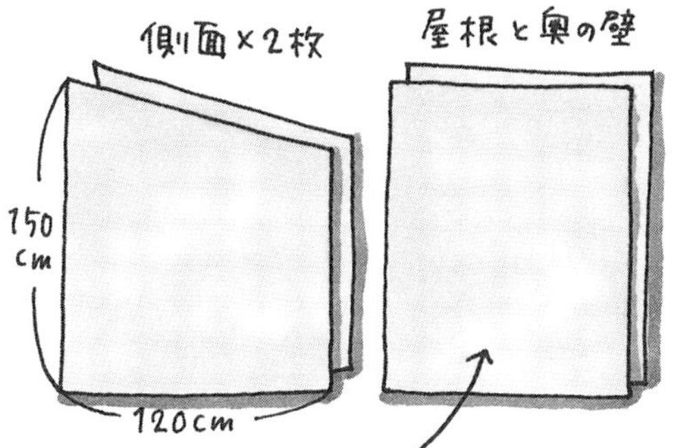
側面×2枚
屋根と奥の壁
150cm
120cm

枯れ葉や枯れ枝、どんぐりなどを貼ってから組み立てます

くだもののなる木

ダンボールのでこぼこ部分を外にまるめます

まるめた新聞紙に色紙を貼って作ったくだもの

拾ってきた枝をさす

絵の具で塗ります

妖怪が住んでます

中の壁には子どもの描いた妖怪の絵が貼ってあります

かくれが

3歳児

「ロボットカミイ」ごっこ

群馬●ももの木保育園

『ロボットカミイ』（福音館書店）を読むと、「自分はすごい！なんでもできる」と自信満々のカミイが、唯我独尊の３歳児の子どもたちとぴったりあい、すぐに大好きになりました。絵本と同じように紙でカミイを作ると、動かなくても生きているようにかかわる子どもたち。

あそびすぎてボロボロになってしまったので、カミイは一度姿を消し、９月のお泊まり保育のときに「鋼鉄製」に姿を変えて会いに来てくれました。運動会では園舎の屋根の上で見守ってくれ、どの子もはりきっていました。冬は散歩先で見つけた秘密基地にポストを作り、カミイと手紙のやりとりを楽しみました。３歳児だからこそ、カミイの存在を信じ、楽しんでいたのだと思います。

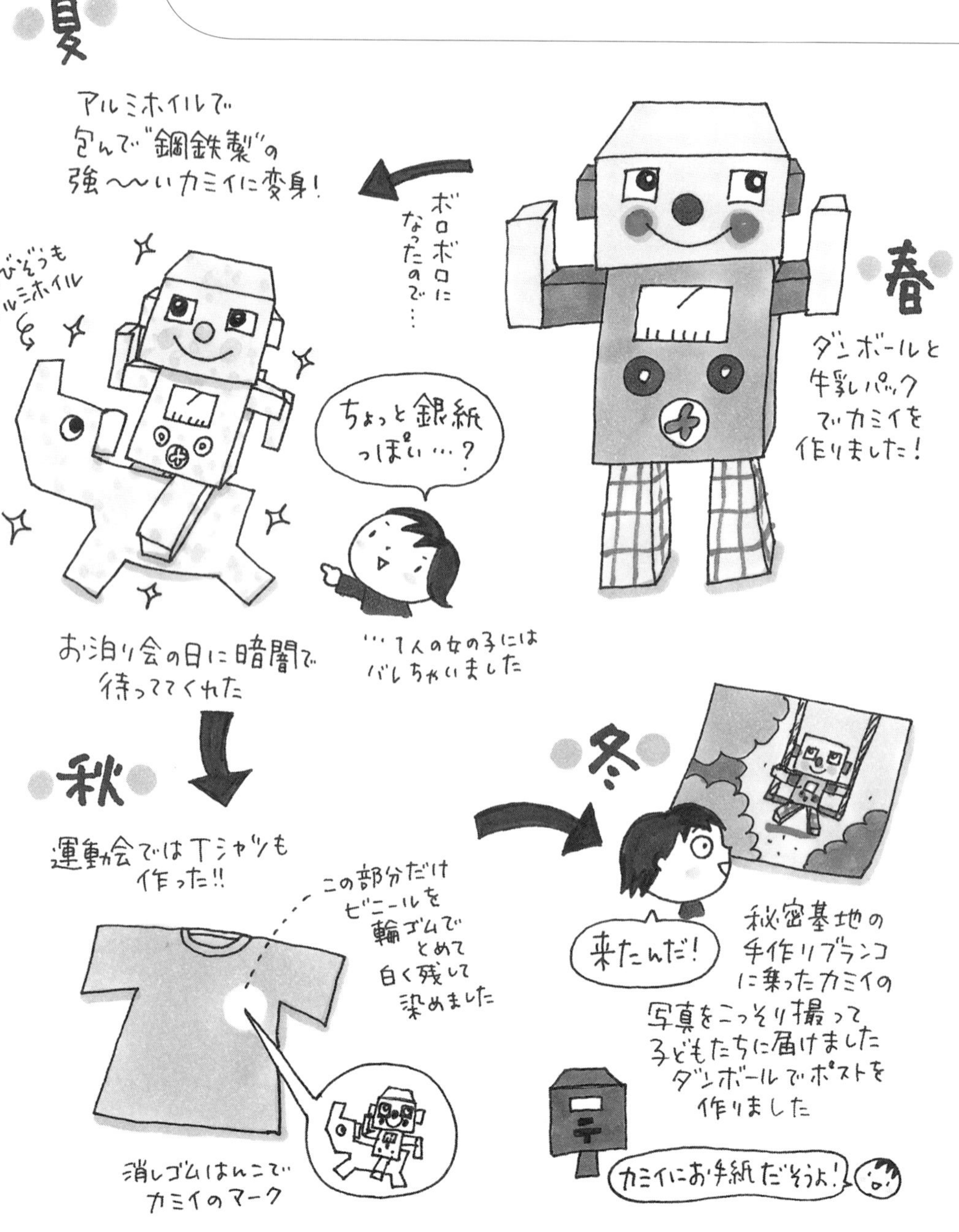
夏
アルミホイルで包んで"鋼鉄製"の強〜〜いカミイに変身！
ボロボロになったので…
ちびぞうもアルミホイル
春
ダンボールと牛乳パックでカミイを作りました！
ちょっと銀紙っぽい…？
お泊り会の日に暗闇で待っててくれた
…1人の女の子にはバレちゃいました
秋
運動会ではTシャツも作った!!
この部分だけビニールを輪ゴムでとめて白く残して染めました
消しゴムはんこでカミイのマーク
冬
来たんだ！
秘密基地の手作りブランコに乗ったカミイの写真をこっそり撮って子どもたちに届けました
ダンボールでポストを作りました
カミイにお手紙だそうよ！

4
歳児

「じごくのそうべえ」ごっこ

大阪
●新金岡センター保育園

4歳児らいおん組で、8月のお泊まり保育から運動会につなげてあそべるように『じごくのそうべえ』（童心社）を選びました。

お泊まり保育の2週間ほど前に読み聞かせをすると「もう1回見たい！」と大興奮の子どもたち。そうべえから激励の手紙が来ると、さっそくそうべえの帽子を作ってあそび始め、お泊まり保育の夜には、保育者扮するそうべえが園庭に登場し、たくさんのかるわざを披露してくれました。翌日から、いろいろな技に挑戦する姿が。

運動会での劇あそびに向けて、大きな声で大好きな場面の「地獄行き～」と表現したり、同じく運動会の体育あそび「かるわざ」発表では、竹登りや三角馬などに挑戦しました。

平均台
綱わたりだ!
竹登り
三角馬
難しい〜
そうべえにもらった帽子をかぶっていろんなかるわざに挑戦したよ!
棒渡り

絵本でごっこあそび

岩附啓子《いわつきけいこ》

1968 年から 2003 年 3 月まで
三重県津市の保育士として勤務
現在は幼稚園・保育園で読み聞かせを行う一方
大学・短大で、保育を学ぶ学生に
絵本について講義している
著書に『エルマーになった子どもたち』
『シナリオのない保育』
（ともに、ひとなる書房）がある

やってみようごっこあそび

参考図書

もりのへなそうる
　渡辺茂男作／山脇百合子絵／福音館書店／ 1971 年初版
せんたくかあちゃん
　さとうわきこ作・絵／福音館書店／ 1982 年初版
めっきらもっきらどおんどん
　長谷川摂子作／ふりやなな絵／福音館書店／ 1990 年初版
おたまじゃくしの 101 ちゃん
　かこさとし作・絵／偕成社／ 1973 年初版
てんぐのきのかくれが
　青山邦彦／教育画劇／ 2010 年初版
ロボット・カミイ
　古田足日作／堀内誠一絵／福音館書店／ 1970 年初版
じごくのそうべえ<桂米朝・上方落語・地獄八景より>
　田島征彦作・絵／童心社／ 1978 年初版

まいにちたのしい ごっこあそび

園で人気の ごっこあそび

2013 年8月 20 日　初版第1刷発行
2016 年3月 20 日　第2刷発行

編集
●
『ちいさいなかま』編集部

絵
●
近藤理恵

ブックデザイン
●
阿部美智(オフィスあみ)

発行
●
ちいさいなかま社
〒162-0837
東京都新宿区納戸町 26-3
TEL 03-6265-3172(代)
FAX 03-6265-3230
URL http://www.hoiku-zenhoren.org/

発売
●
ひとなる書房
〒113-0033
文京区本郷2-17-13広和レジデンス101
TEL 03-3811-1372
FAX 03-3811-1383
Email hitonaru@alles.or.jp

印刷
●
光陽メディア

ISBN978-4-89464-200-3　C3037